어쩌다
우리 사이가
이렇게 됐을까

어쩌다
우리 사이가
이렇게 됐을까

일자 샌드 지음 | 이은경 옮김

[힘든 관계와 작별하고 홀가분해지는 심리 수업]

ℐNFLUENTIAL
인 플 루 엔 셜

프롤로그   망가져버린 관계가
아직도 상처로 남아 있나요?

우리는 어떤 '관계'를 맺느냐에 따라 삶에서 행
복을 느끼기도 하고 절망과 좌절을 경험하기도 합니다. 건강하
고 친밀한 관계를 맺으며 지속적으로 행복하게 살아가는 사람이
있는가 하면, 잘 풀리지 않는 관계 때문에 불만스럽고 답답한 마
음으로 살고 있는 사람도 많습니다. 특히나 어떤 이유로든 사랑
했던 가족이나 친구와 멀어지면서 회복하기 어려울 만큼 깊은
상처를 받기도 합니다.

저는 아버지와 한동안 연락을 끊은 채 지낸 적이 있습니다. 당
시 저는 아버지에게 화가 많이 났고, 더 이상 얼굴을 보고 싶지
않다고 생각했습니다. 그런데 어느 날엔가 목사이자 심리치료사
인 벤트 포크Bent Falk와 이 문제에 대해 이야기를 나눌 기회가 있
었습니다. 그때 벤트 포크는 제 이야기를 다 듣고 난 뒤 따뜻하면
서도 진지한 표정으로 이렇게 말했습니다.

"당신은 아버지에게 화가 난 게 아니에요."

그 말을 듣는 순간 저는 머리를 세게 얻어맞은 것처럼 그대로

4

얼어붙었습니다. 그러곤 아무 말도 하지 못한 채 감정에 북받쳐 눈물을 흘렸습니다. 그때 저는 오랫동안 미워하고 멀리했던 아버지를, 사실은 얼마나 그리워하고 있었는지 깨달았습니다. 아버지와 관계를 단절한 이유가 그에게 화가 났기 때문이 아니라는 점도 알게 되었습니다. 분노는 그저 제가 내세운 방패일 뿐이었습니다. 그 아래에는 한층 더 깊은 갈망, 즉 사랑과 친밀감, 단란함을 원하는 강렬한 감정이 자리 잡고 있었습니다.

벤트 포크 덕분에 내면 깊숙한 곳의 감정을 알게 되었지만, 한편으로는 두려웠습니다. 그 엄청난 상실감과 슬픔에 굴복하면 어쩌나 해서 두려웠던 것이지요. 사실 저는 무엇이 상황을 그렇게 만들었는지 잘 알고 있었습니다. 저는 어렸을 적에 아버지와 주고받았던 친밀함을 아주 선명하게 기억하고 있었습니다. 그랬기 때문에 시간이 흐르면서 점차 아버지와 더 이상 주고받을 감정이 없어지고 피상적인 대화만 나누는 상황을 견디기가 너무나 힘들었습니다. 아버지와 친밀감을 나누었던 기억은 세월이 지남에 따라 채울 수 없는 갈망이 되었고, 그 갈망으로 인한 상처가 아버지를 내 마음에서 밀어냈던 것입니다.

오랫동안 아버지를 미워하면서 한편으로는 그리워했던 그 시간에, 제 마음에는 슬픔과 걱정, 수치심이 켜켜이 쌓여갔습니다. 그래서 솔직한 감정을 알아차린 뒤에도 아버지에게 편안한 마음으로 다가가 진솔한 대화를 나눌 수 있기까지는 생각보다 많은 시간이 필요했습니다. 다시금 아버지와 대면했을 때, 저와 아버지 모두 서로를 향한 예전의 그 따뜻하고 친밀했던 감정이 여전히 남아 있다는 것을 알게 되었습니다.

아마 이 책을 읽는 당신에게도 어떤 이유로든 더 이상 연락하지도 만나지도 않지만, 한편으로는 여전히 보고 싶고 그리운 사람이 있을 것입니다. 또 어쩌면 얼굴은 보고 지내지만, 예전과 달리 서로에게 솔직하지 않고 정서적인 유대감도 느낄 수 없게 된 사람도 있을 것입니다. 그 사람은 가족일 수도 있고, 친구일 수도 있고, 연인일 수도 있겠지요.

한때 삶의 많은 부분을 차지했던 소중한 사람과 관계가 끊어지거나 멀어지면 대부분의 사람이 심각한 허탈감과 외로움을 느끼고 힘들어합니다. 더 나아가서는 그런 상실 과정에서 겪은 상처나 좌절을 충분히 돌보지 않은 탓에 새로운 관계를 시작하지 못하는 경우도 많습니다. 다른 누군가에게 속마음을 터놓고 친밀한 관계가 되는 것이 두려워 가볍고 형식적인 관계만 맺는다든지, 혹은 의존적이고 취약한 태도를 보임으로써 건강한 관계를 맺는 데 어려움을 느낄 수도 있습니다.

그렇다면 이미 연락이 끊기거나 서먹해진 사람과 다시 신뢰를 쌓고 마음을 터놓는 관계가 되려면 어떻게 해야 할까요? 아마도 이는 누구에게나 쉽지 않은 일일 것입니다. 저는 심리치료사로서 많은 사람들이 털어놓는 고민을 들으면서 그들 대부분이 망가진 관계를 어떻게 회복해야 하는지 잘 모른다는 사실을 알게 되었습니다. 가령 멀어진 관계를 회복하려면 먼저 자기 입장과 생각을 상대방에게 충분히 전달해야 한다고 생각하는 사람이 많습니다. 하지만 어떤 경우에는 그런 행동이 상황을 오히려 악화시킬 수도 있습니다. 양쪽 모두 깊은 상처만 남기고 영원히 회복할 수 없는 관계가 되는 것이지요.

저는 이 책에서 멀어진 사람과 다시 연결되기 위해 어떻게 마음을 열 것인지, 어떻게 대화를 시작할 것인지에 대해 이야기하려 합니다. 또 관계로 인한 상처에서 벗어나고 비슷한 문제를 되풀이하지 않으려면 어떤 지혜가 필요한지에 대해 구체적인 사례와 예시를 통해 이야기하려 합니다.

많은 경우에 어떤 관계가 무너지는 이유는 오해나 갈등을 제때 적절하게 해소하지 못하고 올바르게 대처하지 못했기 때문입니다. 따라서 해묵은 감정과 오해를 풀 수 있는 적절하고 실질적인 방법을 찾는다면 관계를 회복할 가능성도 매우 높아집니다.

저는 이미 멀어지거나 망가진 관계를 무조건 회복해야 한다고 생각하지는 않습니다. 어떤 경우든 어떤 사람과든 계속 연락하고 지내는 것이 최선이라고 생각하지도 않습니다. 나 자신을 위해서는 누군가를 떠나보내야 할 때도 있습니다. 경우에 따라서는 오히려 관계를 놓아버리는 것이 삶의 기쁨과 행복을 되찾는

데 도움이 될 때도 있습니다. 따라서 저는 이 책에서 어떤 관계는 왜 단절해야 하는지, 그 이유와 방법에 대해서도 이야기하려 합니다.

심리치료사로 일하면서 제가 경험한 것들이 많은 도움이 되리라 믿습니다. 저는 부모들이 관계가 서먹해진 자녀들에게 먼저 다가갈 수 있도록 돕는 일을 했고, 이 책에는 그러한 경험을 통해 얻은 지혜도 담겨 있습니다.

책을 읽기에 앞서 먼저 자기 자신의 마음을 점검해보는 과정이 필요합니다. 이미 멀어졌지만 그리워하고 있는 어떤 사람에게 당신은 얼마만큼 다가갈 수 있을까요? 그 마음을 가늠해보기 위해, 다음 페이지에 나오는 '마음점검 테스트'를 한번 해보시기 바랍니다. 그런 다음 책을 읽고, 그 사람과 다시 연결되어 관계를 회복할지 아니면 제대로 작별 인사를 할지 스스로 결정해보기 바랍니다.

또한 각 절의 마지막에 자기 자신과 관계를 좀 더 명확하게 볼 수 있도록 도와줄 연습 과제를 실었습니다. 단지 책을 읽고 끝내기보다는 빈칸에 자신의 생각을 직접 적어보기 바랍니다. 그럼으로써 더욱 강한 동기부여가 되는 것은 물론이고 행동에 옮길 용기를 얻을 수 있을 것입니다. 어떤 과제는 복잡한 감정을 불러일으키고 마음을 불편하게 할 수도 있습니다. 하지만 그 역시 치유를 위한 자연스러운 과정으로 받아들일 수 있기를 바랍니다.

만일 단절된 관계로 인해 힘든 시간을 보내고 있다면 다시 한 번 용기를 내보면 어떨까요. 혹은 회복하거나 치유할 수 있는 관계가 아니라면 그 관계에 제대로 작별을 고하는 것도 방법입니다. 적절히 끝맺음으로써 새로운 관계를 시작하려는 간절한 바람과 에너지를 얻을 수 있게 될 테니까요.

관계를 다시 시작하거나
정리해야 하는 사람을 위한

마음점검 테스트

우리가 겪는 크고 작은 여러 삶의 문제들을 해결하는 가장 중
요한 열쇠는 대부분 자신의 내면에 감춰져 있습니다. 이 테스트
는 자기 내면 깊숙이 숨겨져 있을지도 모르는 솔직한 마음을 알
아보기 위한 것입니다. 따라서 정답은 없습니다. 옳고 그름을 판
단하기 위한 것도 아닙니다. 망가진 어떤 '관계' 때문에 상처받
고 힘들어하는 것은 바로 당신이지요. 그렇기에 어떤 방법으로
다시 시작할 수 있을지, 내가 먼저 손을 내밀고 다가갈 수 있을
지, 어디까지 나아갈 수 있을지 결정하는 것도 바로 당신입니다.

관계를 회복하기 위해서는 반드시 상대로부터 먼저 사과받아
야 한다고 생각할 수 있습니다. 상대로부터 더 이상 폭언을 쏟아
내지 않겠다는 약속을 받아야만 나도 무언가를 할 수 있다고 생
각할 수도 있습니다. 당신의 내면이 그렇게 원한다면, 아마도 당
신은 바로 그곳에서 출발해야 할 수도 있습니다.

이 테스트에서 중요한 점은 특정한 사람을 떠올리며 질문에 답해야 한다는 것입니다. 이미 끝나버린 관계인데도 여전히 신경 쓰이는 어떤 사람, 마음에 가시처럼 박혀 있어 잊히지 않지만 어떻게 다시 다가가야 할지 알 수 없는 어떤 사람이겠지요. 이 테스트의 결과는 당신이 떠올린 특정한 한 사람과의 관계에서만 유효합니다.

다음 문항을 읽고 자신의 관점과 일치한다면 ✔를 체크하세요. 체크가 끝나면 점수를 계산하고, 그에 따른 결과를 확인하십시오.

01 _____ 다시 대화를 시작하기 위해서는 먼저 상대로부터 사과를 받아야 한다.

02 _____ 다시 대화를 시작하기 위해서는 먼저 상대에게도 그럴 마음이 있다는 것을 꽃다발이나 호의적인 메시지가 담긴 카드와 같은 구체적인 형태를 통해 내가 확인할 수 있어야 한다.

03 _____ 다시 마음을 열기 위해서는 상대로부터 앞으로는 내게 상처를 주지 않을 것이라는 약속을 받아야 한다.

04 _____ 상대가 먼저 화해를 시도한다면, 나는 먼저 이메일이나 편지로 우리 관계의 문제점에 대해 이야기할 것이다.

05 ___ 상대가 먼저 화해를 시도한다면, 나는 지금 당장 혹은 조만
간 우리 관계의 문제점에 대해 직접 만나 솔직하게 대화를
나눌 의향이 있다.

06 ___ 내가 먼저 상대와의 관계를 회복하기 위한 시도를 할 것
이다.

07 ___ 나는 상대에게 조만간 먼저 연락하려고 한다.

08 ___ 나는 한 달 이내에 상대와의 관계를 개선하기 위한 어떤 시
도를 하려고 한다.

09 ___ 나는 비록 언짢은 내용이라 할지라도 상대가 털어놓는 속
마음과 불만에 기꺼이 귀를 기울일 것이다.

10 ___ 상대가 우리 관계의 문제에 대해 대화하기를 원하지 않는
다면, 그가 원하는 다른 재미있고 근사한 것을 함께하면서
시간을 보낼 의향이 있다.

11 ___ 내가 잘못한 부분에 대해서는 사과할 준비가 되어 있다.

12 ___ 내가 잘못한 부분이 있다는 점을 인정할 것이다.

13 ___ 상대가 중요하게 생각하는 것이 무엇인지 알기 위해 애쓸
것이다.

14 ___ 상대가 우리 관계의 문제와 관련해 전문가에게 상담받기를
원한다면 기꺼이 함께 가겠다.

15   나는 이 책을 꼼꼼하게 읽을 것이며, 다소 저항감이 느껴지고 싫은 부분이 있더라도 주어진 연습 과제를 충실히 해볼 것이다.

16   나는 필요하다면 나 자신에 대한 확신과 자존감을 갖는 데에 도움이 되는 전문가의 강의를 듣거나 치유 프로그램에 참여할 것이다.

17   나는 상대가 우리 두 사람의 관계에서 있었던 지난 일들과 함께했던 시간들에 대해 나와 다른 관점으로 보고 있다 하더라도 기꺼이 인정할 것이다.

18   만일 상대가 우리 관계를 회복하려는 시도를 적극적으로 하지 않는다 하더라도 나는 내가 하려 했던 노력들을 포기하지 않을 것이다.

19   나는 내가 겪고 있는 심리적 어려움이 전문가의 도움을 필요로 하는 것인지 알아보고, 만일 그렇다면 전문가의 처방에 따른 적절한 치료를 받을 것이다.

20   나는 상대에게 거부당하더라도 먼저 다가가고 싶다는 마음을 표현할 것이며, 비록 상처받을 수 있다는 불안함이 있더라도 내면에서 우러나오는 가장 솔직한 이야기를 할 것이다.

21   만일 상대가 내게 싫증을 느끼고 있다면 나는 새로운 취미를 개발하거나 새로운 어떤 것을 배우거나 혹은 여행을 떠나는 등의 신선하고 흥미로운 시도를 해볼 의향이 있다.

22   만일 필요하다면 나는 내 감정에 대해 거짓말을 할 수도 있
     다. 비록 사실이 아니더라도 이제 화가 다 풀렸다고 말하거
     나, 혹은 딱히 그렇게 느끼지 않더라도 상대를 존경하거나
     사랑한다고 말할 수 있다.

23   나는 상대가 나의 결함을 지적할 경우 나 자신은 그렇게 생
     각하지 않더라도 기꺼이 받아들일 것이다.

24   나는 상대와 다른 생각을 갖고 있더라도 그의 이야기에 동
     의하기 위해 거짓말을 할 것이다.

25   나는 상대의 의견에 동조하고 비위를 맞추기 위해 거짓말
     을 할 수도 있다. 그가 자신의 상사를 비난한다면 나는 상
     사의 잘못이 아니라고 생각할지라도 그의 주장에 맞장구를
     칠 것이다.

26   나는 그것이 내게 어울리지 않거나 부자연스럽게 느껴지더
     라도 상대가 좋아하는 모습으로 바꾸기 위해 애쓸 것이다.

제1집단 문항	1−3번	0점 부여
제2집단 문항	4−8번	1점 부여
제3집단 문항	9−12번	2점 부여
제4집단 문항	13−21번	3점 부여
제5집단 문항	22−26번	0점 부여

당신이 체크한 각 문항의 점수를 더하여 합계를 내십시오. 그 합계 점수는 0점에서 40점 사이가 될 것입니다. (만약 1번, 2번, 4번, 5번, 11번에 체크했다면, 합계 점수는 0 + 0 + 1 + 1 + 2 = 4점입니다.)

당신의 합계 점수가 어디에 위치하는지 아래의 눈금표에 표시해보십시오. 점수가 높은 오른쪽에 위치할수록 상대와의 관계를 개선하거나 회복하고 싶은 마음이 강하다고 볼 수 있습니다.

```
0    5    10   15   20   25   30   35   40
|    |    |    |    |    |    |    |    |
```

점수가 20점보다 낮은 경우

당신은 관계를 개선하거나 회복하려는 동기가 아직 부족한 상태일 수 있습니다. 혹은 상대와의 관계 전반에 대한 확신이 부족할 수도 있습니다. 따라서 당신은 상대가 먼저 호의를 보이며 다가와주기를 기다리고 있을 수 있습니다. 이런 경우 어쩌면 관계를 회복하기보다 차분하게 정리하는 것이 더욱 나은 선택일 수도 있습니다.

점수가 20점보다 높은 경우

당신은 연락이 끊기거나 감정적으로 소원해진 상대와 다시 좋은 관계를 맺고자 하는 마음이 매우 크고 강한 것으로 보입니다. 이런 경우 상대가 먼저 다가오지 않더라도 당신 스스로 할 수 있는 어떤 노력들을 통해 문제를 해결할 가능성이 아주 높습니다.

제5집단 문항(22-26번)에 체크한 경우

만약 제5집단 문항 중 하나 이상에 체크했다면, 당신은 상대와의 관계를 회복하고 싶은 마음이 너무나 큰 나머지 당신의 솔직한 감정과 생각, 자존감을 기꺼이 포기하려는 상태일 수 있습니다. 상대에게 잘 보이기 위해 모든 말에 고분고분 따르고, 심한 경우 심리적 종속 상태에까지 이르렀을 수 있습니다. 어쩌면 어린 시절 당신을 돌봐준 양육자에게도 같은 태도를 보였을 가능성이 높습니다.

이런 경우 당신은 건강한 관계를 맺는 데에 어려움을 겪을 것이며, 문제의 핵심을 정확하게 파악하기 위해 전문가의 도움을 필요로 할 수 있습니다. 건강하지 못한 관계에 얽매이면 불안과 우울, 신경쇠약과 같은 정신적 문제가 생겨날 수 있습니다. 이런 관계는 과감하게 정리할 수 있어야 합니다.

차례

1장 **마음점검**

나는 무엇을 원하고 무엇을 두려워하는가

더 이상 상황을 바꿀 수 없다면, 우리는 스스로를 변화시켜야 한다.

— 빅터 프랭클(Viktor Frankl)

1 상대에 대한
자신의 마음 확인하기

       우리는 의외로 자기 자신의 감정과 마음에 대해 잘 알지 못하는 경우가 많습니다. 자신이 진정 원하는 것이 무엇인지, 왜 그것을 원하는지에 대해서도 잘 모르지요. 아마도 당신 역시 이미 금이 가고 멀어진 어떤 관계로 인해 유독 마음이 불편한데, 정작 그 이유가 무엇인지 몰라 답답함을 느끼고 있을 수 있습니다. 이미 끝난 관계이고 연락도 하지 않는데 왜 자꾸 신경 쓰이고 마음이 불편할까요? 어떻게 해야 이 불편한 마음이 사라질까요?

    사실 마음의 문제는 그 마음을 정확하게 알아차리는 것만으로도 해결책을 찾을 수 있는 경우가 많습니다. 당신을 힘들게 하는 관계의 문제를 해결하기 위해 가장 먼저 할 일은 바로 당신의 마음, 감정, 생각을 세심히 들여다보는 것입니다. 무엇보다 상대가 당신에게 어떤 의미를 지닌 사람인지를 확인하는 것이 중요합니다. 예전에는 중요했지만 지금은 더 이상 그렇지 않은지, 혹은 여전히 신뢰가 남아 있고 소중한 느낌인지 확인해보는 것입니다. 상대에 대한 자신의 마음을 확인하면, 그 관계를 어떻게 개선하거나 정리해야 할지도 알 수 있습니다.

'떠나보내기' 연습을 통해
오히려 편안해지고 자유로워질 수 있어요

+

상대에 대한 자신의 마음을 확인하는 가장 좋은 방법 중 하나는 바로 '떠나보내기'를 해보는 것입니다. 그 사람이 떠나갈 때 내 마음이 슬픈지, 고통스러운지, 아쉬운지, 아니면 덤덤하고 별 느낌이 없는지 간접적으로 체험해보는 것입니다.

만일 떠나보내는 대상이 자녀처럼 아주 가까운 사람이라면 마지막 이별을 상상하는 것만으로 커다란 괴로움을 느낄 수 있습니다. 실제로 나를 찾아왔던 내담자 몇몇은 자신의 감정을 대면하는 것에 어려움을 느꼈고 결국 '떠나보내기' 연습을 시작하지도 못했습니다. 만일 당신도 그 사람과 이별하는 상상을 하는 것만으로 극심한 고통과 분노와 같이 감당하기 어려운 격한 감정이 일어난다면, 혼자서 '떠나보내기'를 무리하게 시도하지 말고 심리치료사와 같은 전문가의 도움을 받기 바랍니다. 혹은 주변에 믿을 만한 친구가 있다면 감정이 지나치게 강렬해졌을 때 전

상대에 대한 내 마음을 확인하고 싶다면

'떠나보내기' 연습을 해보세요.

이별이 줄 슬픔의 깊이를 확인하는 것만으로도

관계를 새롭게 바라볼 수 있고

당신 자신의 평화와 행복, 자유를 위한 선택을 할 수 있습니다.

화를 걸어 이야기를 나누는 것도 도움이 됩니다.

우리가 '떠나보내기' 연습을 해보는 이유는 때로는 상대방을 떠나보냄으로써 관계에 대한 새로운 관점을 얻을 수 있기 때문입니다. 관점이 바뀌면 불편했던 마음이 편안해지고 답답했던 마음이 자유로워질 수 있습니다. 수영을 잘하지 못하는 사람이 어쩌다 강물에 빠졌다고 가정해봅시다. 그 사람은 강물의 깊이를 가늠할 수 없기 때문에 팔다리를 허우적거리며 필사적으로 물 위로 떠오르려 할 것입니다. 그런데 만일 그 사람이 강물의 깊이가 그리 깊지 않다는 걸 알고 있다면 어떨까요? 그런데도 이대로 빠져 죽으면 어쩌나 하는 불안과 공포를 느낄까요? 우리는 정말 많은 경우, 단지 잘 알지 못하기 때문에 불안을 느끼곤 합니다.

어쩌면 '떠나보내기' 연습을 꼭 해야 하는지 망설여질 수도 있습니다. 사실 마지막 작별 인사를 한다고 상상하면서 그 이별이 어떤 기분일지 깊숙이 파고들다 보면 감정이 지나치게 격앙되어 감당할 수 없는 슬픔을 느낄 수도 있습니다. 하지만 두려워하지 마세요. 만일 실제로 그 사람과의 관계가 완전히 단절된다고 해도 당신의 삶은 변함없이 계속될 테니까요. 더구나 지금 우리는 연습을 하고 있는 것이지 실전이 아니잖아요. '떠나보내기' 연습은 상대가 아니라 당신을 위한 것입니다. 그 어떤 관계도 당신 자신의 평화, 행복, 자유보다 중요하지는 않습니다.

자신도 잘 알지 못했던 속마음을
부치지 않을 이별 편지에 써보세요

+

자신의 마음을 더욱 명확하게 알기 위해서는 글로 써보는 것이 상당한 도움이 됩니다. 어떤 관계에 대한, 어떤 사람에 대한 자신의 속마음을 더욱 명확하게 알고 싶다면, 상대를 마음속에서 떠나보내며 이별 편지를 써보기를 제안합니다. 실제로 상대와 이별한다고 생각하며 그에게 하고 싶은 말을 쓰면 됩니다. 이 편지는 부치지 않는 편지입니다. 누군가를 의식하며 쓰지 않아도 됩니다. 내면 깊숙이 감추어져 있는 솔직한 감정에서 우러나온 말들을 쓰는 것이 중요합니다. 내면 깊숙이 들어가 감정을 느껴보고 그것을 글로 표현해보면 답답함에서 벗어나 한결 가벼워진 해방감을 느낄 수 있을 것입니다. 나아가 여유로움, 자신감, 열린 마음을 회복할 수도 있습니다.

보내지 않을 이별 편지를 쓰는 이유도 마음의 평안을 얻기 위해서입니다. 그렇다면 어째서 그냥 편지가 아닌 이별 편지여야 할까요? 왜 혼자서 이별하는 연습을 해보아야 하는 걸까요? 그것은 이별 연습을 통해 상대가 자신에게 어떤 존재인지 명확하게 알 수 있기 때문입니다. 이별 편지를 쓸 때는 정말로 더 이상 상대를 볼 수 없다고 가정하며 써야 합니다. 가령 상대가 지구 반대편으로 이사 가게 되었다고 생각하는 것이지요. 그래야 자신의 솔직한 감정을 더욱 구체적으로 느끼고 확인할 수 있습니다.

편지를 쓰기 전에 다음의 질문들을 먼저 읽어보고, 상대에게 어떤 말을 하고 싶은지 생각을 정리해보기 바랍니다. 차분히 생각을 정리하고 솔직한 감정을 이끌어내는 데에 도움이 될 것입니다.

이별 편지를 쓰기 전에 생각해볼 질문들

- 그 사람을 떠올릴 때 가장 그리운 것은 무엇인가요?
- 지금 그 사람과 가장 하고 싶은 일은 무엇인가요?
- 지금 그 사람이 어떤 상황이기를 바라나요?
- 그 사람과의 관계에서 어떤 기대를 했었나요?
- 그 사람에게 무엇을 받고 싶었나요?
- 당신은 그 사람에게 무엇을 주고 싶었나요?
- 그 사람에게 '고마워'라고 말하고 싶은 일이 있나요?
- 그 사람과의 관계에서 가장 불쾌한 기억은 무엇인가요?

편지를 쓰려고 앉았지만 막상 어떤 말로 시작해야 할지 막막한 느낌이 들 수 있습니다. 여러 가지 복잡한 감정이 한꺼번에 올라오는 바람에 혼란스러워서 그럴 수도 있고, 감정을 글로 표현하는 것이 익숙하지 않아서일 수도 있습니다.

아래에 작별 편지의 몇 가지 예시를 가져왔습니다. 이를 참조하기 바랍니다.

우리 얼굴 본 지 벌써 몇 년이나 지났네. 사실 나는 네가 먼저 나에게 연락해야 한다고 생각했어. 하지만 결국 내가 먼저 편지를 쓰고 있네. 그동안 나는 계속 널 생각했고, 우리가 함께 보냈던 행복했던 시간을 떠올렸어. 넌 그때가 생각나니?

아버지와 함께했던 어린 시절을 떠올릴 때면 낚시를 하러 갔던 일이 가장 많이 생각나요. 아버지가 낚시하는 곳에 절 데려가 주셔서 기뻤어요. 아버지와 함께 다니면 정말 즐거웠죠. 바쁘셨을 텐데 시간을 내주셔서 고마웠습니다. 동네 형들이 저를 괴롭힐 때 근처에 있던 아버지가 도와주셨던 일도 기억나요. 아버지와 함께 있으면 언제나 든든했습니다. 그런 아버지가 다른 여자를 좋아하게 되었다며 어머니와 저를 떠났을 때 제 심정이 어땠는지는 아마 짐작도 못 하시겠지요.

우리는 같은 학교에 다니면서 친구가 됐어. 서로의 가족에 대해서는 물론이고 첫 번째 남자친구에 대해서도 잘 알고 있지. 너와는 그 무엇이든 함께할 수 있다고 느꼈어. 든든한 버팀목이 돼줘서 고마워. 네가 없었다면 힘들었던 고등학교 시절을 버텨낼 수 없었을 거야. 다른 급한 일을 제쳐두고 내 생일에 와준 것도 고마웠어. 내가 날 중요하게 생각해주는 것 같아서 정말 감동이었어. 고등학교 시절, 넌 내가 네게 큰 힘이 돼 줬다고 말했지. 하지만 나중에 생각해보니 내 괴로움만 털어 놓지 말고 네 이야기에 좀 더 귀를 기울여야 했던 것 같아.

지금은 우리 사이가 멀어져서 정말이지 쓸쓸해. 나는 우리의 돈독한 우정이 언제까지고 계속될 거라고 생각했고, 서로 엄마가 되어서도 이 야기를 나눌 수 있길 바랐어. 하지만 지금 우리는 이미 멀어져 버렸어. 네게 마지막 작별 인사를 하면 마음이 편해질 것 같아. 네게 편지나 전화가 올 것이라는 기대도 이제 더 이상 하지 않기로 했어. 네게 앞으로 좋은 일만 가득하길 바랄게. 넌 충분히 그럴 자격이 있는 사람이야.

편지를 다 쓴 다음에는 소리 내어 읽어봅니다. 혼자서 읽어도 되고 가까운 친구에게 읽어줘도 됩니다. 편지를 읽으며 온갖 복잡한 감정에 휩싸일 수 있습니다. 그 감정들 역시 상대에 대한 당신의 심리 상태를 반영하고 있는 것이므로 그것대로 의미가 있습니다.

상대에게 무엇을 원하고 있는지
자신의 욕구를 들여다보세요

+

이별 편지를 써봄으로써 당신은 상대에 대한 자신의 마음을 확인할 수 있을 것입니다. 그 사람을 미워한다고 생각했는데, 막상 이별 편지를 쓰면서 자신이 그 사람을 얼마나 그리워하고 있었는지 깨닫게 될 수도 있습니다. 그 사람을 생각하면 늘 화가 치밀었는데, 사실은 그동안 그 사람에게 연락이 오기를 기다렸다는 점을 알게 되었을 수도 있고요. 또 어쩌면 막상 이별하고 난 뒤 마음이 가벼워지고 자유로워지는 기분을 느꼈을 수도 있겠지요.

상대와의 관계를 위해 자신이 무엇을 어디까지 할 수 있는지 좀 더 명확하게 알기 위해서는 상대에 관한 자신의 욕구를 자세히 들여다볼 필요가 있습니다. 이런 경우 이별 편지가 아니라 상대가 자신에게 보내는 편지, 즉 상대로부터 받고 싶은 편지를 한번 써봅니다. 상대에게 간절히 듣고 싶은 이야기, 상대에게 진짜 바라는 어떤 것들에 대해 편지에 담으면 됩니다. 그것이 옳은지 그른지, 가능한지 불가능한지는 생각하지 않아도 됩니다. 그저 마음이 가는 대로 당신의 욕구를 충실하게 들여다보는 것이 중요합니다.

어쩌면 당신은 상대로부터 진심에서 우러나온 사과를 받고 싶을지도 모릅니다. 혹은 자신이 잘못한 것이 아니라는 점을 상대가 이야기해주길 바랄 수도 있고요. 몇 가지 사례와 예시를 통해 좀 더 자세히 살펴보도록 하겠습니다.

사례 1 — 내 인생은 널 알기 전보다 풍요로워졌어

다음은 로네가 헤어진 남자친구 제이콥으로로부터 듣고 싶은 이야기를 편지 형식으로 쓴 글입니다.

로네, 나는 우리 두 사람이 만났다는 사실에 정말 감사해. 네게 많이 배웠고 덕분에 내 인생은 널 알기 전보다 풍요로워졌어. 때때로 우리는 다투기도 했지. 내가 함께하기에 늘 편안한 사람이 아니라는 건 나도 알아. 넌 너그러운 마음으로 내 잘못된 행동을 눈감아주곤 했어. 내가 네게 좀 더 관대했더라면 좋았을 텐데. 하지만 난 항상 좀 고집불통이었던 것 같아. 로네, 넌 더 좋은 남자를 만날 거야. 나보다 널 더 많이 사랑하는 사람 말이야. 행복하길 바랄게.   — 제이콥으로부터

로네는 이 편지를 다 쓴 다음 소리 내서 읽었습니다. 본인이 직접 읽고, 친구에게도 소리 내서 읽어달라고 부탁했습니다. 로네는 자기가 직접 쓴 편지인데도 친구가 읽어주는 내용을 들으며 해방감을 느꼈다고 말했습니다. 또한 로네는 비록 관계가 틀어지긴 했지만 그것이 자신의 잘못은 아니라는 점을, 자신이 그 관계에 최선을 다했다는 점을 상대가 알아주길 간절히 바랐다는 것을 깨달았다고 말했습니다. 로네의 사례에서도 보듯이, 이미 틀어진 어떤 관계에서 심리적으로 놓여나지 못하는 이유가 반드시 그 사람과 다시 시작하고 싶기 때문은 아닐 수도 있습니다.

사례 2 — 너와 함께했던 시간이 그리워. 함께 여행 가지 않을래?

엘렌은 절친했던 친구가 자신에게 보내는 편지를 썼습니다.

엘렌, 우리는 둘도 없는 친구였는데 지금은 얼굴 보기도 쉽지가 않네.
너와 함께했던 시간이 그리워. 우리 그때처럼 함께 여행 가지 않을래?

편지를 소리 내 읽으며 엘렌은 만약 그 친구가 정말로 여행을
가자고 말해준다면 두말하지 않고 곧장 '그래'라고 말하고 싶다
는 걸 깨달았습니다. 이를 계기로 엘렌은 두 사람의 우정을 회복
하려면 자신이 무엇을 해야 할지 곰곰이 생각하기 시작했습니다.

사례 3 — 엄마를 용서해줄 수 있겠니?

르네는 어머니가 자신에게 보내는 편지를 썼습니다.

르네, 네가 화난 건 이해해. 그 일은 옳지 않았어. 되돌릴 수 있다면 좋
겠구나. 엄마를 용서해줄 수 있겠니?   — 사랑을 담아. 엄마가

르네는 자신이 쓴 편지를 읽으면서 과거에 상처받았던 그 일
에 대해 엄마가 잘못을 인정한다면 얼마나 감격스러울지 깨달았
습니다. 그리고 실제로 엄마가 사과해준다면 그것을 받아들이고
화해할 수 있겠다고 느꼈습니다.

글쓰기나 말하기를 통해 표현하는 것이
어떤 효과가 있을까요?

+

편지를 쓰는 것이 어렵다면 상대의 사진을 보며 말을 걸어보는 것도 방법이 될 수 있습니다. 상대의 사진을 앞에 놓고 그 사람에게 무슨 말을 하고 싶은지, 무슨 말을 듣고 싶은지 내면에서 들려오는 솔직한 감정에 귀를 기울여보는 것이지요. 또한 상대에게 바라는 것이 무엇인지에 대해서도 곰곰이 생각해보기 바랍니다. 편지 쓰기와 마찬가지로 그 바람이 상대가 들어줄 수 있는 현실적인 것이어야 할 필요는 없습니다. 이 연습의 목적은 자신의 솔직한 감정과 욕구를 찾는 것이라는 점을 잊지 마시기 바랍니다.

자신의 솔직한 감정과 욕구를 들여다보기 위해 왜 굳이 편지나 사진을 이용해야 할까요? 그것은 머릿속으로 생각만 할 때와 달리, 글쓰기나 말하기를 통해 밖으로 표현하면 생각의 전환이 일어나고 새로운 관점이 생기기 때문입니다. 이러한 변화가 있어야만 당신을 힘들게 하는 그 관계를 다시 시작하거나 정리할 수 있습니다.

글쓰기와 말하기를 통해 표현함으로써 당신은 상대가 얼마나 중요한 존재인지, 상대에게 원하는 것이 무엇인지 발견할 수 있습니다. 이러한 발견은 당신이 관계를 회복하거나 정리할 용기를 낼 수 있게 도와줍니다.

'떠나보내기' 연습을 하다 보면 이별 편지를 상대에게 직접 건네고 싶은 마음이 들 수 있습니다. 혹은 사진이 아닌 상대를 직접 만나 이별에 대한 당신의 결정을 직접 말하고 싶을 수도 있고요. 만일 그렇다면 편지를 부치거나 상대를 만나기 전에 잠시 멈추고 이 책의 2장을 먼저 읽어보기 바랍니다. 만일 상대가 받아볼 편지라면 그 내용은 자신의 마음을 솔직하게 털어놓는 것만으로는 충분하지 않을 수 있기 때문입니다. 또한 상대를 만나 대화할 때도 당신이 미리 알아두어야 할 몇 가지 지침들이 있습니다. 그러니 무작정 만나자고 연락하는 대신 2장을 읽으며 미리 정리하는 시간을 갖기 바랍니다.

1. 당신을 힘들게 하는 관계나 그 사람에 대한 솔직한 감정을 글로 써
   봅니다. 28쪽에 정리된 '이별 편지를 쓰기 전에 생각해볼 질문들'
   을 참조해도 좋습니다. 어떤 내용이든 진심에서 우러나온 생각과
   느낌을 표현하는 것이 중요합니다.

_____

_____

_____

_____

_____

_____

_____

_____

_____

_____

_____

_____

_____

_____

_____

2. 이번에는 상대가 당신에게 보는 편지를 써봅니다. 당신이 상대에게 듣고 싶은 말은 무엇인가요? 상대에게 바라는 것이 있나요? 그것을 쓰면 됩니다. (편지 쓰기가 부담스럽다면 상대의 사진을 보며 그 사람에게 어떤 이야기를 듣고 싶은지 생각해봅니다.)

2   관계를 망친
분노의 이유 찾아내기

　　어떤 관계가 냉랭해지거나 완전히 끝나버리는
데에는 여러 이유가 있습니다. 그중 가장 빈번하게 볼 수 있는
이유가 바로 '분노'입니다. 어떤 한 사람이, 혹은 두 사람 모두가
상대에게 분노를 느낀다면 그 관계는 유지될 수 없습니다. 그런
데 사람들은 화를 내면서도 대부분은 그 이유를 정확하게 모르
거나 다른 사람에게서 이유를 찾곤 합니다. 분노라는 감정이 그
만큼 까다롭고 복잡하기 때문입니다. 이것은 어쩌면 우리가 깨
져버린 관계를 다룰 때 가장 까다로운 문제일지도 모릅니다.
　그렇기에 어떤 관계를 개선하거나 정리하고자 한다면 먼저 분
노의 감정에 대해 깊이 들여다볼 필요가 있습니다. 혹여 엉뚱한
사람에게 분풀이하고 있는 것은 아닌지, 자신의 약점이나 좌절
감을 감추기 위해 분노를 이용하고 있는 것은 아닌지, 자신이 아
닌 다른 사람의 분노를 떠맡고 있는 것은 아닌지 말입니다.
　분노는 까다롭고 복잡하며, 또한 주변에 전달되는 파장이 큰

감정입니다. 분노는 관계를 망치는 주범이면서, 또한 관계를 회복하기 위한 열쇠가 감춰져 있는 중요한 감정이기도 합니다. 당신이 기꺼이 용기 내서 분노라는 감정과 대면해야 할 이유가 여기에 있습니다.

복잡하고 까다로운 분노의 감정,

당신은 어떻게 다루고 있나요?

+

분노라는 감정은 회피, 방어, 수치심 등의 심리와 얽혀 있기 때문에 다루기에 매우 까다롭습니다. 어떤 사람은 화가 나도 웬만해서는 겉으로 잘 드러내지 못합니다. 또 어떤 사람은 자신이 화가 났는지 잘 느끼지 못하는 경우도 있습니다. 어릴 때 분노가 나쁜 감정이라고 배운 사람들은 화가 날 때마다 억누르다 보니 나중에는 분노의 감정을 전혀 느끼지 못하는 상태가 되기도 합니다.

문제는 회피, 방어 등의 이유로 스스로 분노를 잘 느끼지 못할 경우 '수동적인 공격'으로 표출된다는 것입니다. 수동적 공격은 대개 다음과 같은 방식으로 나타납니다. 물론 다음 예시가 어떤 경우에나 수동적 공격이라고 말할 수는 없습니다. 가령 약속에 늦는 이유는 분노 때문이 아니라 다른 이유일 수도 있습니다. 그럼에도 많은 경우에 자신도 미처 인식하지 못하는 분노가 이런 형식으로도 나타날 수 있다는 점을 알아두면 분노의 감정을 이해하는 데에 도움이 될 것입니다.

수동적 공격의 예

- 약속에 늦는다.
- 전화를 받지 않는다.
- 먼저 연락하지 않는다.
- 부재중 전화에 회신하지 않는다.
- 상대의 시선을 피한다.
- 상대를 무시하는 태도를 보인다.
- 상대의 말에 대꾸하지 않는다.
- 긍정적인 표현을 하지 않는다.
- 상대방의 욕구를 모른 척한다.
- 상대의 상황에 공감하려 하지 않고 짧고 쌀쌀맞게 대답한다.

분노라는 감정은 까다로울 뿐만 아니라 매우 복잡하기도 합니다. 무엇보다 분노라는 감정은 아주 폭이 넓습니다. 다음의 그림에서 보는 것처럼 다소 거슬리는 수준부터 노발대발하는 수준에 이르기까지 여섯 가지 단계로도 나눌 수 있습니다.

분노의 여섯 단계

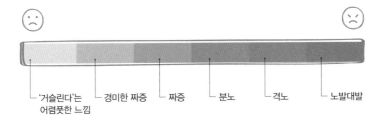

'거슬린다'는 어렴풋한 느낌 | 경미한 짜증 | 짜증 | 분노 | 격노 | 노발대발

스스로 얼마나 화가 났는지 확신이 서지 않을 때는 생각에 주의를 돌려보기 바랍니다. 생각에 주의를 기울이면, 의식하지 못했던 짜증이나 분노를 발견할 수 있습니다. 다음은 분노와 관련된 생각의 예입니다. 즉, 이런 생각을 하고 있다면 당신은 크든 작든 분노를 느끼고 있다고 볼 수 있습니다.

분노와 관련된 생각의 예

- 그녀는 아무런 권리가 없어.
- 나는 그 사람에게 속았어.
- 이건 불공평해.
- 나는 그 일에 끼지 않을 거야.
- 그의 행동은 올바르지 않아.
- 나는 그동안 부당한 대우를 받았어.

분노의 감정을 제대로 다루지 못한 상태에서는 관계를 개선하거나 정리하는 것이 어렵습니다. 특히 미처 의식하지 못한 분노의 감정이 있는 상태에서 상대에게 다가갈 경우 여러 가지 문제가 생길 수 있습니다. 무의식적인 짜증이나 분노는 상대를 은연중에 괴롭힐 수 있고, 당신이 마음을 여는 과정을 엉망으로 만들어버릴 수도 있습니다.

분노 뒤에 다른 취약한 감정을
감추고 있지는 않나요?

+

분노는 때로 다른 취약한 감정을 감추기 위한 방패 역할을 할 때도 있습니다. 당신은 화를 내고 있지만 사실은 사랑받고 싶은 갈망, 무기력, 슬픔과 같은 훨씬 더 취약한 감정을 감추고 있는 것인지도 모릅니다. 당신은 화를 내면서 상대와 거리를 둡니다. 그런데 거리를 두는 진짜 이유는 상대에게 사랑받고 싶은 갈망을 채울 수 없다고 생각하기 때문은 아닐까요. 차라리 화를 내며 상대와 멀어지는 것이 마음 편하다고 생각하는 것이지요.

용기 내서 무기력이나 슬픔과 같은 감정을 깊이 들여다보세요. 취약한 감정들에 관심을 가지고 돌볼 수 있다면 분노의 감정도 눈 녹듯이 사라질지도 모릅니다. 또한 힘들더라도 상대에게 당신의 슬픔과 무기력한 감정을 솔직하게 표현해보세요. 새로운 국면을 맞이할 기회가 찾아오기도 합니다.

당신은 어쩌면 "네 이야기에 좀 더 귀를 기울였더라면 좋았을 텐데"라든가 "시간을 되돌릴 수 있다면 네게 그런 상처를 주지 않았을 텐데"라고 생각하면서 그렇게 하지 못했던 자신을 책망하며 무기력한 감정을 느끼고 있을지도 모릅니다. 그러면서도 자신의 약점을 드러내기가 두려워 오히려 화를 내며 상대를 멀리 하고 있을지도 모르고요.

지금이라도 용기 내서 당신의 속마음을 표현해보면 어떨까요. 무기력한 감정을 드러내기가 어렵다면 "네 이야기에 좀 더 귀를 기울이지 못해서 미안해"라든가 "네게 그런 상처를 주어서 미안해"라고 표현을 바꾸어보는 것도 방법입니다. 당신이 이렇게 말할 때 상대는 당신을 약한 사람으로 보는 것이 아니라 따뜻하고 관대한 사람으로 여기며 고마워할 것입니다. 자신의 약점을 솔직하게 드러내고 표현하는 것은 누군가에게 다가서는 아주 좋은 방법입니다.

분노는 때로 고통스러운 상황에 직면하지 않으려는 방어기제로 사용되기도 합니다. 심리적으로 취약한 사람일수록 상처받는 것이 두려워 자신을 속이거나 상황을 잘못 해석하는 경향이 있습니다. 이는 자신의 마음을 보호하기 위한 방어기제가 작동하기 때문입니다. 자신이 원하는 삶을 살고 있지 못할 때 슬픔이나 좌절 대신 분노를 드러내는 사람이 의외로 많습니다. 또한 부모나 배우자와 같은 가까운 사람들을 탓하며 그들에게 분노를 돌리곤 합니다. 그렇게 힘든 상황으로부터 자신의 마음을 보호하고 방어하는 것이지요.

사람은 고난과 역경을 통해 더욱 단단해집니다. 흔히 '위기는 성장의 기회'라고 말하기도 합니다. 당신 역시 어떤 고난에 직면했을 때 도저히 극복할 수 없을 거라며 좌절하거나 혹은 자신에게 그런 일이 일어나지 않았다면 좋았을 거라고 생각하며 회피할 수 있습니다. 하지만 도망치지 않고 그 도전을 넘어서고 나면, 스스로 문제를 해결했다는 사실에 뿌듯할 것입니다. 자신이 조금은 성장했다며 만족감을 느낄 수도 있고요.

엉뚱한 사람에게 화풀이하며

자신을 속이고 있지는 않나요?

+

우리는 모두 살면서 필연적으로 이런저런 도전에 직면합니다. 그리고 많은 경우 그 도전을 제대로 넘어서지 못한 채 자신에 대한 책망과 후회로 좌절하곤 합니다. 그러다 힘이 들면 다른 누군가에게 책임을 덮어씌우거나 가까운 주변 사람에게 원망과 분노를 쏟아냅니다. 만일 누군가를 보면 괜히 짜증스럽고 화가 치미는데 그 이유를 정확히 알지 못하겠다면, 당신은 화가 난 게 아니라 무언가에 절망감을 느끼고 있는 것인지도 모릅니다.

때때로 우리는 아무런 잘못도 없는 사람에게 분노를 쏟아냅니다. 가령 부모의 이혼과 같은 절망스러운 사건을 겪은 아이들은 부모가 아닌 다른 사람에게 반항하거나 화풀이를 하는 경우가 많습니다. 대개는 자신의 이야기를 잘 들어주고 마음이 관대하며 애정이 변치 않을 거라 믿는 사람에게 분노를 돌리곤 합니다. 아이들이 부모에게 화내지 않고 다른 사람에게 분노를 전이하는 이유는 대개 부모로부터 사랑받고 있다는 확신이 없기 때문입니다.

부모에게 차별대우를 받는다고 느끼는 아이들이 다른 형제자매에게 분노를 표출하는 경우도 전형적인 '분노 전이'의 사례입니다. 아이의 입장에서 양육자인 부모에게 화를 내는 것은 생존을 위협받는 것처럼 위험하게 느껴질 수 있습니다. 그래서 어느 정도 성장한 뒤에도 여전히 부모가 아닌 형제자매나 학교 선생님에게 분노를 표출하는 것이지요.

다음에 소개하는 사례를 보면, 스벤드 역시 심리 치료를 받는 과정에서 처음에는 부모를 비판적인 시선으로 보지 않으려고 했습니다. 그것은 의도적이라기보다 무의식적인 행동에 가까웠습니다. 하지만 좀 더 깊이, 확실하게 내면을 들여다보자 마침내 문제의 원인이 어디에 있는지 알게 되었고, 용기를 내어 직면할 수 있었지요.

저는 수년간 낮은 자존감 때문에 심리적으로 많은 어려움을 겪었고, 결국 전문가에게 치료받기로 결심했습니다. 어린 시절 이야기를 하다가 학교 운동장에서 다른 아이들이 나를 놀리는데도 담임 선생님이 말려주지 않았던 기억이 떠올랐습니다. 자존감이 낮은 원인을 드디어 찾았다고 생각하며 안도했습니다. 문제의 원인을 찾았으니 이제는 심리적으로 좋아질 것이라 기대하며 치료를 중단했지요.

하지만 안타깝게도 짧은 심리 치료는 별 효과를 나타내지 않았습니다. 다시 몇 년의 시간을 보낸 뒤에 저는 다시 치료를 받기로 했습니다. 처음 치료를 받았을 때보다 나이를 먹었고, 조금은 분별력 있는 어른이 되었다고 생각했습니다. 그러니 이번에는 쉽게 중단하지 말고 확실히 더 깊게 파고들어야겠다고 각오를 다졌습니다.

사실 처음 심리 치료를 받을 때는 부모님에 대해 이야기하고 싶지 않았습니다. 부모님을 배신하는 기분이었죠. 하지만 지금 생각해보면 해야만 하는 이야기였어요. 두 번째 심리 치료를 하면서 저는 어머니에 대한 기억과 당시의 제 심정에 대해 깊이 파고들었습니다. 어린 시절에 어머니가 자신의 감정에 빠져서 아들인 제게 좀처럼 관심을 주지 않았고 저를 방치하는 시간들이 많았다는 이야기를 할 때 불안과 수치심을 느꼈습니다. 이후 심리 치료는 어머니와의 관계에서 너무나 고통스러웠던 기억을 되살리기 위한 장기전에 돌입했습니다. 그 기억을 떠올리는 것은 정말이지 불쾌하고 힘든 일이었지만, 차츰 저 자신을 깊이 이해하고 인정할 수 있게 되었습니다. 그러자 나를 존중해주지 않았던 담임 선생님에 대해 느꼈던 분노의 감정은 완전히 사라졌습니다.

— 스벤드, 61세

스벤드의 사례는 부모와의 관계에서 어려움을 겪는 자녀들에게서 자주 발견되는 양상을 보여줍니다. 처음에는 자신이 엉뚱한 사람에게 화풀이하고 있다는 점을 알아차리지 못합니다. 그러다가 결국에는 부모로부터 받은 상처와 좌절이 근본적인 문제였다는 점을 발견하고 인정하게 됩니다.

가정뿐만 아니라 직장에서도 '분노 전이' 현상은 자주 일어납니다. 가령 분노의 원인이 상사에게 있지만, 그 상사가 지나치게 권위적이거나 폭력적인 경우 선뜻 화를 내지 못하고, 대신 다른 동료들에게 분노와 좌절을 표출하는 것이지요. 이때 화풀이 대상이 되는 희생양은 대개 온순하거나 공격을 해도 위험하지 않을 것으로 보이는 사람들입니다.

분노를 전이하는 것이 위험한 이유는 그로 인해 문제를 해결할 수 있는 열쇠가 덮개에 가려져 찾아내기 어려워지기 때문입니다. 이런 경우 전문가에게 도움을 받는 것도 방법이겠지만, 그보다 중요한 것은 스스로 자신의 부정적인 감정을 뿌리 깊숙한 곳까지 파고들어 직면하겠다는 용기를 내는 것입니다.

당신이 느끼는 분노가 자신의 것이 아니라
타인의 것일 수 있습니다

+

당신은 학교 친구나 직장 동료가 제삼자에게 부당한 대우를 받았다는 사실을 알았을 때 그 제삼자를 향해 화를 낸 적이 있을 것입니다. 친구나 동료가 느끼는 억울함과 분노가 크면 클수록 당신 역시 커다란 분노를 느꼈을 테지요. 이때 당신은 정말 제삼자에게 분노를 느꼈을까요? 당신은 그를 전혀 모르는데요? 어쩌면 당신은 부당한 대우를 받은 사람이 이야기하며 어쩔 수 없이 표출하게 되는 분노를 자신의 감정으로 가져온 것인지도 모릅니다.

이런 일은 가족 안에서도 종종 무심결에 일어납니다. 예를 들어, 어머니가 아버지에게 늘 분노를 느끼고 있을 때, 딸이 어머니의 분노를 떠맡게 되는 경우가 많습니다. 딸은 스스로 정확한 이유도 모르면서 아버지에게 심한 짜증과 분노를 느낄 수 있습니다. 어머니는 의도하지 않았을 수 있겠지만, 무의식적으로 자신의 분노를 딸에게 심어준 것이지요. 우리는 미처 의식하지 못하는 상태에서 타인의 신체 언어나 감정에 깊은 영향을 받을 수 있습니다. 만일 어머니와 딸의 관계처럼 친밀한 사이에서라면 이러한 감정의 전이는 좀 더 쉽게 일어날 수 있습니다.

우리의 부모 세대에서 어머니들은 대개 직장에 다닐 기회를 얻지 못했고, 사회생활에 도전할 생각조차 하지 못했습니다. 어떤 꿈이 있고 재능이 있어도 펼칠 수가 없었지요. 당연하게도 우리의 어머니들은 좌절감을 느꼈고 때로는 남편에 대한 분노로 표출되기도 했습니다. 어머니의 이런 감정 상태는 자녀들이 정서적으로 바람직하지 않은 분위기에서 성장하도록 만들었습니다. 이런 분위기에서 자란 자녀들은 아버지를 향한 어머니의 분노를 받아들여서 아버지와 정서적으로 따뜻하고 친밀한 관계를 형성하지 못하는 경우가 많았습니다.

만약 당신이 스스로 이해할 수 없는 분노를 느낀다면, 혹은 스스로 주체하기 어려울 만큼 도가 지나친 분노를 느낀다면, 그 분노의 감정이 어디에서 왔는지 살펴볼 필요가 있습니다. 당신이 친밀감을 느끼거나 소중하게 생각하는 사람, 혹은 의리를 지켜야 한다고 생각하는 어떤 사람이 분노를 느끼고 있는 대상이 있고, 당신 역시 그 대상에게 화를 내고 있다면 그 분노가 당신 자신의 것이 아닐 가능성도 있기 때문입니다.

1. 만일 관계가 깨진 이유가 당신의 분노 때문이라면 그 이유가 무엇인지 구체적으로 생각해보고 아래에 적어보십시오.

_____

_____

_____

_____

_____

_____

_____

_____

_____

_____

_____

_____

_____

_____

2. 만일 당신이 분노를 느끼는 이유를 잘 모르겠다면, 다음의 네 가지 질문에 대해 곰곰이 생각해보기 바랍니다. 만일 그 대답이 '예'라면 연결된 다음 질문에 답해보기 바랍니다.

a. 분노를 엉뚱한 사람에게 표출하고 있지는 않나요?　　예☐　아니오☐

b. 취약한 감정을 감추기 위해 분노를 표출하고 있지　　예☐　아니오☐
는 않나요?

c. 다른 사람의 분노를 자신의 감정으로 가져온 것은　　예☐　아니오☐
아닌가요?

a-1. 당신이 정말 분노를 느끼고 있는 대상은 누구입니까?

_____

b-1. 당신이 감추고 싶어 하는 취약한 감정은 어떤 것입니까?

_____

_____

_____

c-1. 당신은 누구의 분노를 가져온 것인가요? 왜 그의 분노를 가져오게
되었나요?

_____

_____

_____

_____

_____

_____

_____

_____

_____

_____

_____

_____

_____

_____

_____

_____

_____

3. 아래에 제시된 예시들을 참조해 무력감과 슬픔을 표현해봅니다. 당신에게 문제가 되는 어떤 관계를 떠올리며, 마음속에 가라앉아 있던 무력감과 슬픔을 표현해봅니다. 머릿속 생각이 아니라 솔직한 감정을 이끌어내는 것이 중요합니다.

예시

- 네가 바라는 것을 줄 수 있다면 좋을 텐데. (나는 그러지 못했어.)
- 문제를 훨씬 일찍 발견했다면 좋았을 텐데. (나는 그러지 못했어.)
- 내가 더 잘했더라면 좋았을 텐데. (나는 그러지 못했어.)
- 네 이야기에 귀를 기울여주지 못해서 미안해. (너와 화해하고 싶어.)
- 네게 더 많은 관심을 보여주지 못해서 미안해. (너와 화해하고 싶어.)
- 더 빨리 네게 사과하지 못해서 미안해. (너와 화해하고 싶어.)

무력감 ; "내가 ~이면 좋을 텐데."

_____

_____

_____

_____

_____

슬픔 ; "내가 ~이라서 미안해."

3　근거 없는
부정적인 생각 걷어내기

　　20년간 절친하게 지냈던 친구와 연락을 끊고 지
냈다고 가정해볼까요. 그 친구를 생각하면 화가 나면서도 한편으
로는 예전에 즐거웠던 시간들이 떠오르기도 할 것입니다. 그 관
계가 어째서 망가졌는지 이유를 생각하다 보면 자신이 무언가 커
다란 잘못을 저지른 것 같아서 죄책감이 들기도 하겠지요. 이러
지도 못하고 저러지도 못하는 상태에서 마음에 난 상처는 더욱
깊어지고, 다른 친구들과의 관계마저 힘들게 느껴질 것입니다.

　어느 날엔가 문득 그 친구에게 연락해볼까 하는 생각이 들 수
도 있습니다. 하지만 머릿속으로 여러 가지 버전의 시나리오를
썼다 지우고 썼다 지우기를 반복한 결과 아직은 때가 아니라는
판단을 할지도 모릅니다. 다시 상처받거나 거절당하는 것이 두
려워서일 수도 있고, 어떻게 다시 연락해야 좋을지 방법을 모를
수도 있습니다. 이렇게 몇 번쯤 망설이다가 시간이 흐르면 용기
를 내기는 더욱 어려워지겠지요.

비단 당신만 그런 것은 아닙니다. 우리 대부분은 마음을 힘들게 하는 관계를 어떻게든 개선하거나 정리해야겠다고 생각하면서도 막상 용기를 내서 행동에 옮기기까지는 많은 시간을 필요로 합니다. 여기에는 몇 가지 이유가 있지만, 가장 큰 이유 중 하나는 바로 신념처럼 저장되어 있는 부정적인 생각 때문입니다. 확실하지 않은 어떤 구실을 내세워 내가 아닌 상대가 먼저 연락해야 한다고 생각하거나, 직접 대면하는 것은 아직까지 위험하다고 생각하거나, 관계를 개선하기에는 너무 늦었다고 생각하는 것이지요.

부정적인 생각이 반복되면 신념이 됩니다. 잘못된 신념은 당신이 용기 내 손을 내밀고 첫걸음을 내딛는 일을 방해하지요. 다행인 것은 그것이 잘못된 신념이라는 것을 확실하게 아는 순간 부정적인 생각은 사라질 수 있다는 점입니다. 어떤 문제이든 일단은 드러내야 해결할 수 있습니다. 부정적인 생각 역시 밖으로 끄집어내어 밝은 빛 아래에서 자세히 들여다볼 필요가 있습니다.

그 사람에게 먼저 연락하지 않는 이유가

어쩌면 오해나 핑계는 아닐까요?

+

다음은 사람들이 '먼저 연락하지 못하거나 하지 않는 이유'로 가장 많이 내세우는 여덟 가지입니다. 당신은 어떤 이유로 먼저 연락하는 것을 미루고 있나요? 그 이유가 과연 그럴 만한 것인가요? 혹시 두려움이나 분노로 인한 핑계는 아닌가요? 자, 그러면 각각의 이유와 그것이 얼마나 타당한지를 한 번 살펴보도록 하겠습니다.

첫 번째 이유 ─ 상대방이 내게 관심이 있다면 먼저 연락하겠지

상대방이 내게 먼저 연락하지 않는 이유는 나에 대한 관심과 애정이 남아 있지 않아서라고 생각하는 경우입니다. 사실 상대가 먼저 연락하지 않는 이유에는 다른 여러 가지가 있을 수 있습니다. 어쩌면 당신이 자신도 모르게 상대에게 상처를 줬을지도 모릅니다. 혹은 상대 역시 당신이 먼저 연락하기를 기다리고 있을지도 모릅니다. 그러니 상대가 더 이상 자신을 좋아하지 않는다고 단정하는 대신, 먼저 연락하지 않는 진짜 이유를 알아보는 것이 현명한 선택입니다.

두 번째 이유 ─ 아마도 그 사람은 내게 화가 났을 거야

어쩌면 당신의 생각대로 상대는 화가 나 있을지도 모릅니다. 이렇게 생각한다면 당신 역시 화가 나 있을 가능성이 높습니다. 그런데 사실 당신이 화가 나 있고 상대도 화가 났을 거라고 생각한다면 이것은 연락하지 않을 이유가 아니라 연락을 해야 하는 이유입니다. 서로 정말 화가 나 있는 상태인지, 정확히 어떤 이유로 화가 났는지 확인을 해야만 합니다. 어색하고 서먹한 기분을 느끼고 싶지 않아서, 상대가 아직 화가 나 있는 것을 확인하기가 두려워서 먼저 연락하고 싶지 않을 수 있습니다. 하지만 일단 만나서 상대의 얼굴을 보면 언제 화가 났었나 싶게 아무렇지 않을 수 있습니다. 최소한 서로 몰랐던 오해가 있다면 풀 수 있을 것이고, 그것만으로도 두 사람 모두에게 위안을 가져다줄 수 있습니다.

세 번째 이유 — 이미 오래전에 연락했어야 했어. 이제는 너무 늦었지

이미 멀어진 관계를 다시 개선하기로 마음먹었다면 너무 늦어버린 때란 없습니다. 먼저 연락을 해야 할지 말아야 할지 고민한다는 것은 상대에 대한 생각과 감정이 아직까지 당신의 머릿속을 차지하고 있다는 방증입니다. 아직까지 상대에게 신경 쓰고 있고, 그로 인해 마음이 편치 않다면 그것만으로 언제가 되었든 연락을 취하고 다시 연결되기 위해 애써볼 충분한 이유가 됩니다.

네 번째 이유 — 사정하며 매달리는 것은 나약하다는 증거야

먼저 연락한다고 해서 당신이 굽히고 들어가는 것으로 생각할 필요가 있을까요. 상대는 오히려 그런 당신을 마음이 단단하고 자존감이 높은 사람으로 생각할 가능성이 더 높습니다. 불편한 마음을 무릅쓰고 먼저 다가가는 적극적인 자세는 사실 정신력이 강하다는 징표로 볼 수 있지요. 또한 자신의 취약한 부분을 내보이는 것까지 감수하면서 망가진 관계를 회복하기 위한 시도를 한다는 것은 그 자체로 용감한 자세라고 말할 수 있습니다. 비록 관계를 개선하는 것이 아니라 제대로 정리하기 위해서라고 해도 마찬가지입니다.

다섯 번째 이유 — 먼저 연락했다가 거절당하면 속상할 거야

물론 당신이 먼저 연락했을 때 상대가 거절할 수도 있습니다. 상대가 먼저 연락했을 때 당신이 거절할 수 있는 것처럼 말입니다. 하지만 상대가 당신의 연락을 기다리고 있을 가능성도 있습니다. 먼저 연락해보기 전에는 알 수 없는 일이지요. 그렇다면 어떻게 해야 할까요. 당신이 관계를 개선할 마음이 있다면 먼저 연락을 해야 합니다. 혹여 거절당하더라도 실망하거나 후회할 필요는 없습니다. 오히려 용기 내서 먼저 손을 내민 자신을 칭찬해주어야 합니다. 중요한 것은 당신이 어떻게 할지 결정하는 것이지, 상대가 어떻게 할지를 미리 예측하는 것이 아니라는 점을 다시 한번 상기해보면 좋겠습니다.

여섯 번째 이유 — 그 사람이 나와 연락하고 싶지 않다고 말했어

상대로부터 더 이상 연락하고 싶지 않다거나 얼굴을 보기 싫다는 이야기를 들었다면 대부분의 사람이 심리적으로 위축될 수밖에 없습니다. 어쩌면 위축되지는 않더라도 당신은 상대의 의견을 존중하는 차원에서 연락하지 않기로 결정했을 수 있습니다. 그러나 상대와 한동안 거리를 뒀다면 그 기간 동안 어떤 변화가 있었는지 살펴보는 것은 충분히 가치 있는 노력입니다. 상대는 화를 내며 떠나가면서도 마음 깊은 곳에서는 당신이 자신을 붙잡아주기를 바랐을지도 모릅니다. 자신이 좋아하는 친구가 함께 놀아주지 않을 때 어린아이들이 "너 싫어. 너랑 안 놀아!"라고 말하는 것처럼 말이죠.

만일 이런 경우라면 당신이 먼저 연락해서 화해를 제안함으로써 그간의 오해를 풀고 서로의 솔직한 마음을 확인하는 계기를 마련할 수도 있습니다. 만일 관계를 다시 시작하지 못하더라도 상대가 어떤 마음인지 직접 확인했기 때문에 자신의 입장도 확실하게 정리할 수 있습니다. 그렇게 되면 마음의 평화를 되찾는 데 도움이 됩니다. 그것이 괜한 오해나 짐작으로 속을 끓이며 이러지도 저러지도 못하는 어정쩡한 상태에 있는 것보다는 훨씬 나은 선택입니다.

일곱 번째 이유 — 상대방이 먼저 연락해야 마땅해

당신은 상대가 잘못했기 때문에 당연히 먼저 연락해야 한다고 생각할 수 있습니다. 하지만 망가진 관계를 회복하기 위해서는 무엇이 옳은지 따지는 것보다 무엇을 할 수 있는지, 어떻게 해야 최선의 결과를 이끌어낼 수 있는지 생각하는 것이 더 중요합니다. 또 어떤 관계에서는 누구의 잘못이 원인이 되었는지를 따지는 것이 중요하지 않을 수도 있습니다.

가령 부모와 자녀 간의 관계라면 설사 자녀가 잘못한 경우라도 부모가 먼저 다가가서 친밀감을 회복하려 애쓰는 것이 더욱 타당한 선택입니다. 물론 그렇다고 해서 반드시 연장자가 먼저 손을 내밀어야 한다는 의미는 아닙니다. 더 젊거나 어린 경우라고 해도 화해에 이르기 위한 정신적 자원과 심리적 통찰력을 갖춘 사람이라면 먼저 손을 내미는 것이 좋습니다. 친구 관계 역시 마찬가지입니다. 상대적으로 정신력이 강하고 융통성이 있는 사람이 못 이기는 척 먼저 행동에 나서는 것이 관계를 회복하는 방법이 될 수 있습니다. 바람직한 관계에서도 어느 한쪽에 더 불리한 상황, 즉 불공평한 상황은 얼마든지 일어날 수 있습니다. 세상이 언제나 공평하지는 않다는 사실을 받아들인다면, 기꺼이 마음을 열고 관대해질 수 있을 것입니다.

여덟 번째 이유 — 내게 별로 중요한 사람이 아니니 다시 연락하지 않아도 괜찮아

어쩌면 상대는 당신에게 생각보다 더 중요한 사람일 수 있습니다. 다만 당신은 거절당했다고 느꼈기 때문에 자신도 모르게 상

어느 순간에 문득 그 사람이 자주 하던 말이 떠오르나요?

나도 모르게 그 사람이 하던 잔소리를 되뇌고 있나요?

당신이 소중하게 여겼던 사람, 친밀함을 주고받았던 사람은

어떤 식으로든 마음 한곳에 자국으로 남아있습니다.

그로부터 자유로워지기 위해서는 얽힌 갈등을 풀어내야 합니다.

대의 중요성을 과소평가하거나 가치를 폄하하고 있는지도 모릅니다. 또는 회피하거나 방어하고자 하는 심리가 상대를 빨리 잊어버리고 일에 몰두해야 한다고 당신을 부추기고 있는지도 모르고요.

그 사람이 마음에서 지워지지 않는다면
일단 한 번은 부딪쳐봐야 합니다

+

당신이 연락하지 않을 이유를 생각하고 있다는 것 자체가 아직까지 마음에 자국이 남아 있다는 증거가 될 수 있습니다. 당신은 그 사람에게 먼저 연락하기가 힘들어 마음에서 지워버리는 것을 선택할 수도 있겠지요. 하지만 당신이 소중하게 생각했던 누군가를 잊기 위해 의식적인 노력을 하는 것은 매우 고통스러운 일입니다. 당신에게 특별한 의미를 지녔던 어떤 사람에 대한 기억과 생각, 감정을 억누르는 것은 엄청난 마음의 에너지를 대가로 필요로 합니다.

당신이 소중하게 여겼던 사람, 친밀함을 주고받았던 사람은 어떤 식으로든 마음 한곳에 남아 있게 마련입니다. 당신에게도 어떤 순간, 가령 무언가 어려운 결정을 해야 하는 순간에 그 사람이 자주 했던 이야기가 떠오르는 경험을 해본 적이 있지 않나요?

어쩌면 청소가 안 된 지저분한 집안을 보는 순간 잔소리를 해대면서도 야무지게 집안 청소를 하곤 했던 그 사람이 생각날 수도 있겠지요. 그 사람과 관계가 틀어지고 더 이상 연락을 주고받지 않게 된 뒤에도 이렇게 어떤 순간이 되면 어김없이 생각나는 이유는 무엇일까요? 바로 당신의 마음 한편에 그 사람이 여전히 자리 잡고 있기 때문입니다.

당신이 인정하든 그렇지 않든, 마음에 품고 있는 그 사람과의 관계에 얽혀 있는 갈등과 문제를 풀어내지 않는다면 마음의 평화를 얻기란 매우 어려울 것입니다. 일시적으로 괜찮아진 듯한 느낌이 들 수도 있겠지만, 그것 역시 어쩌면 당신이 억지로 만들어낸 가짜 평화일 가능성이 높습니다.

당신의 마음속에 남아 있는 그 사람에게 먼저 연락하지 못하는 이유를 생각해보고, 과연 그것이 오해나 핑계는 아닌지 다시 한 번 점검해보기를 바랍니다. 그런 뒤에, 먼저 연락하고 싶지만 구체적인 방법을 모르겠다면 다음 2장을 읽어보기 바랍니다.

1. 특정한 한 사람을 떠올리고 그 사람에게 연락하지 않는 이유를 적어봅니다.

_____

_____

_____

_____

2. 각각의 이유에 대해 스스로 분석해봅니다. 객관적인 사실이 아닌 자신이 만들어낸 상상에 기반하고 있는 것은 없는지, 자기 내면의 솔직한 기준이 아니라 다른 사람들의 기대나 요구에 따른 선택을 하고 있지는 않은지 생각해봅니다.

_____

_____

_____

_____

_____

_____

3. 각각의 이유에 대해 분석해본 내용을 바탕으로 이제는 먼저 연락해야 하는 이유에 대해 적어봅니다.

_____

_____

_____

_____

_____

_____

_____

_____

_____

2장   대화하기

어떻게 다시 연결될 것인가

세상의 모든 것이 오해였다면, 웃음이 사실은 눈물이었다면 어쩌지?

— 쇠렌 키르케고르(Soren Kierkegaard)

4 상대의 관점을
열린 자세로 받아들이기

만일 당신이 스스로 원하는 것이 무엇인지 신중하게 내면을 살펴보았고, 이제 상대에게 먼저 다가가 손을 내밀 용기를 내었다면, 다음은 자신과 상대가 서로의 관계에 대해 가지고 있는 생각과 관점을 점검해보는 시간이 필요합니다. 왜냐하면 두 사람은 그동안 있었던 일들과 서로에 대한 감정을 다른 관점으로 해석하고 있을지도 모르기 때문입니다. 가령 당신은 둘의 관계에 다양한 가능성과 해석의 여지를 남겨두고 있는 반면에, 상대는 모든 희망을 차단하고 아무런 여지도 남겨두지 않은 상태일 수 있습니다.

만일 두 사람이 서로의 관계와 지난 일들에 대해 완전히 다른 시각으로 보고 있다면 어떻게 해야 할까요? 무엇보다 중요한 것은 상대의 관점을 열린 마음으로 받아들이는 자세입니다. 똑같은 상황이라도 두 사람이 얼마든지 다르게 해석할 수 있다는 점을 인정해야 합니다. 그리고 어떤 사람들은 실망하거나 거절당

하고 싶지 않아서 상대를 부정적인 시각으로 바라보기도 한다는
점 역시 이해하고 있어야 합니다.

늘 부정적인 마음이 앞서는 편이라면
방어기제가 아닌지 점검해보세요

+

우리는 사람과의 '관계'에서 어떤 식으로든 상처받고 실망하
는 경험을 합니다. 항상 내 편이라고 생각했던 사람이 갑자기 나
를 맹비난하며 적의를 드러내는가 하면, 소중한 친구라고 여겼
던 사람에게 뜻하지 않은 일로 거절을 당하기도 합니다. 내게 더
할 나위 없이 중요한 어떤 사람이 나를 별로 대수롭지 않게 여긴
다는 사실을 발견하고는 뒷걸음질한 적도 있을 것입니다.

이렇게 인간관계에서 충격받거나 실망하고 나면 자신도 모르
게 방어기제를 작동하기 시작합니다. 괜한 기대나 희망을 가졌
다가 상처받고 싶지 않아서 상대의 말이나 행동을 부정적으로
해석해버리는 것입니다. "저 사람은 원래 나한테 관심이 없어.
저 얘기도 마음에 없는 말일 거야"라든가 "우리는 한 번도 좋은
시간을 보낸 적이 없어. 어떻게 다시 좋아질 수가 있겠어"와 같
은 방식으로 말이지요. 더 나아가서는 특정 상대뿐 아니라 주변
의 모든 타인을, 그리고 관련된 모든 상황을 가능한 한 최악의

조건으로 가정하는 것이 몸에 밴 사람도 만날 수 있습니다. 이런 경우에는 안타깝게도 호의를 갖고 다가오는 사람의 마음조차 알아차릴 수 없게 되지요.

어쩌면 당신도 어린 시절부터 실망하거나 좌절하고 싶지 않아서, 즉 자기 자신을 보호하기 위해 다른 사람의 말과 행동을 부정적으로 해석하는 습관을 키워왔을지도 모릅니다. 하지만 이 책을 읽고 있는 당신은 이미 어린아이가 아닐 것입니다. 당신은 이제 어른이 되었기 때문에 어린 시절에 만든 방어기제를 더는 사용하지 않아도 됩니다.

이제 어떤 상황이든 부정적으로 부풀려 생각하고 받아들이는 대신 객관적이고 중립적인 관점으로 해석할 수 있어야 합니다. 내가 틀릴 수 있고, 오해할 수 있다고 생각할 수 있어야 합니다. 상대의 관점이 듣기에는 불편할지라도 오히려 진실일 수 있다는 점을 받아들일 수 있어야 합니다. 이런 열린 관점을 갖는다면 어떤 관계에서든 좀 더 긍정적인 감정을 느낄 수 있고, 그에 따라 관계가 더욱 풍요로워지고 발전할 것입니다.

사실은 저 역시 오랫동안 아버지에 대해 의도적인 오해를 했습니다. 아버지가 나를 진심으로 사랑하지 않는다고 믿어버리고, 아버지가 하는 말씀들을 무조건 부정적으로 해석해버렸습니다. 제가 열여덟 살이었을 때의 일입니다. 저는 스스로도 이해하기 어려운 어떤 이유로 울고 있었습니다. 그런 제게 아버지가 사랑한다고 말씀하셨고, 제 앞에서 우는 모습을 보인 적이 단 한 번도 없었지만, 저 때문에 많이 울었다고도 하셨습니다.

저는 속으로 '아, 그러세요. 말은 참 번지르르하네요. 하지만 지금까지 혹시라도 하는 기대를 했다가 결국 실망한 적이 너무 많아서 그 말을 믿어야 할지 잘 모르겠네요'라고 생각하고 있었습니다. 아마도 당시 저는 아버지가 어떤 말씀을 하셨어도 모두 거짓이나 위선이라고 생각했을 것입니다. 무려 20년이라는 세월이 흐르고 오랫동안 심리 치료를 받고 나서야, 저는 아버지가 그동안 하신 말씀이 모두 진심이었음을 깨닫고 기뻐할 수 있었습니다.

우리는 상대에 대해서 그리고 상대와의 관계에 대해서 자신의 관점을 덧붙이며 '해석'을 합니다. 그러고는 그 해석을 하나의 진실인 양 믿어버립니다. 스스로 가설을 세워 '소설'을 쓰고는 그것이 실제로 일어났던 일이라고 생각하는 것입니다. 시간이 흐르면 차츰 어떤 것이 자신의 '해석'이었는지, 어떤 것이 '진실'인지 스스로도 분간할 수 없게 됩니다.

제 경우를 들어 이야기해보자면, 저는 어떤 계기로 아버지가 내게 별다른 관심을 보이지 않았다는 해석을 절대적인 진실처럼 믿어버렸습니다. 이후로는 아버지가 하는 모든 말과 행동에 '딸에게 관심이 없는 아버지'라는 해석을 덧입혀서 받아들였습니다. 속으로는 아버지의 사랑을 갈구했기에 저는 그래야만 상처를 덜 받을 수 있다고 생각했을 것입니다. 결국 그러한 방어기제로 인해 저는 아버지가 아무리 따뜻하게 관심을 보이며 다가와도, 딸과 다시 화해하고 싶은 마음을 내비쳐도 그 진심을 알아차릴 수가 없었던 것입니다.

어떤 사람과의 관계가 냉담해지거나 끝나버린 이유에 대해 다시 한 번 곰곰이 생각하는 시간을 가져보기 바랍니다. 어쩌면 지금까지 당신이 고수하던 관점과 해석이 사실은 방어기제에 불과하다는 점을 알아차릴 수 있을지도 모릅니다. 그렇다면 거짓이라고 생각했던 상대의 말이 오히려 진실이었음을, 당신이 진실이라고 믿었던 상황이 실은 부정적인 견해가 덧입혀진 오해였음을 인정할 수도 있게 될 것입니다.

당신이 진실이라 믿는 것이
상대에게는 진실이 아닐 수 있습니다

+

인간의 인지 작용은 완전하지 않습니다. 이것은 똑똑하고 그렇지 않고의 문제가 아닙니다. 우리가 사실 혹은 진실이라고 인지하는 것들의 대다수는 있는 그대로의 현실과는 동떨어진 것일 때가 많습니다. 사실 우리는 외부에서 주어지는 여러 정보를 자기 나름의 맥락대로 이리저리 엮어서 전혀 다른 이야기로 만들어냅니다. 또는 자신이 편안하게 받아들이고 인정할 수 있는, 불편한 마음 없이 공감할 수 있는 내용으로 가공하기도 합니다. 당신의 이야기 속에 등장하는 상대 역시 당신과는 전혀 다른 정보와 기억을 갖고 있을 가능성이 높습니다.

부부 관계에서도 이런 일은 아주 빈번하게 일어납니다. 아래 헬레와 한스의 사례를 한 번 살펴볼까요. 동그라미 안의 숫자는 헬레와 한스 두 사람의 관점을 구분하는 것으로, 이들은 함께 생활하면서도 서로 중요하게 생각하는 부분이 매우 다릅니다.

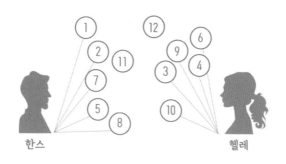

1. 헬레는 성관계를 한 달에 한 번 정도만 하고 싶어 한다.

2. 한스는 헬레에게 자주 꽃을 선물하고 헬레가 한 음식을 칭찬한다.

3. 한스는 퇴근하면 맥주를 두 캔 마시고 잠깐 눈을 붙인다.

4. 한스는 주말에 헬레와 함께 외출하려 하지 않는다.

5. 헬레는 한스와의 관계보다 친구들과의 관계를 우선시한다.

6. 헬레는 한스와 함께 두 사람의 문제를 이야기하려고 여러 차례 시

도했다.

7. 한스는 헬레를 위해 여러 가지 현실적인 문제를 해결한다.

8. 헬레는 남자 동료를 아주 좋게 평가한다.

9. 한스는 업무 관련 불만을 자주 늘어놓는다.

10. 헬레는 한스가 좋아하는 요리를 자주 만든다.

11. 한스와 헬레는 여름휴가 때 함께 즐거운 시간을 보냈다.

12. 한스는 지난가을에 이직했다.

각각의 관점들을 종합하여 보면, 한스는 두 사람 관계의 가장 큰 문제가 아내인 헬레에게 있다고 생각한다는 점을 알 수 있습니다. 한스는 헬레가 남편에게는 성욕을 별로 느끼지 않으면서, 회사의 남자 동료에게는 호의적으로 대한다고 생각하고 있습니다. 한스가 하는 이야기를 듣는 사람은 누구나 그가 헬레와의 관계에 싫증 내고 있다는 점을 알 수 있을 것입니다. 반면에 한스가 헬레에게 온갖 불만을 늘어놓는다던가, 헬레가 한스에게 맛있는 음식을 요리해준다는 사실은 알지 못하겠지요.

헬레는 친구들에게 한스가 그저 맥주나 마시고 불평을 늘어놓으며 소파에 드러누워 있으려고만 해서 자신이 주말을 혼자 보내야 한다고 이야기할 것입니다. 이 이야기를 들은 사람이라면 헬레가 한스와 잠자리를 하고 싶어 하지 않는 이유를 알 수 있겠지요.

아마도 헬레는 한스가 헬레를 위해 여러 가지 일들을 처리하고 있다는 점을 모르고 있을지도 모릅니다. 한스 역시 헬레가 자신을 행복하게 해주려고 노력하고 있다는 점을 알아차리지 못하고 있을 테고요.

헬레의 이야기도, 한스의 이야기도 틀리다고 말할 수는 없습니다. 두 사람은 그저 자신의 입장에서 상대를 바라보고, 자신의 관점에서 이야기하고 있을 뿐입니다.

상대에 대해 당신이 가지고 있는
부정적 이미지가 틀릴 수 있는 이유

+

우리는 이야기를 할 때 상대로부터 비난을 피하기 위해 어떤 사실은 감출 때가 있습니다. 신중하게 고려된 의도일 때도 있고, 자신도 모르게 무의식적으로 그렇게 할 때도 있습니다. 예를 들어 아내는 이혼의 이유를 묻는 친구들의 질문에 "남편이 술을 많이 마셔서"라고 대답하지, 남편이 술을 많이 마신 이유가 아내의 냉정한 태도 때문이라는 점에 대해서는 이야기하지 않을 가능성이 높습니다.

이처럼 많은 사람들이 죄책감이나 수치심을 느끼지 않기 위해 어떤 사실을 적당히 감추거나 부풀리곤 합니다. 때로는 자신에게 비난이 쏟아질 것을 두려워한 나머지 현실을 각색해서 이야기를 만들고는 자기 자신조차 그 이야기를 진실로 믿어버리곤 합니다. 어쩌면 당신 역시 때로는 자신에게 유리한 방향으로 이야기를 지어내거나 과도한 의미 부여를 했을지도 모릅니다.

갈등 상황에 처하면 우리는 상대를 있는 그대로 보기가 어렵습니다. 실제보다 더 폭력적이고, 비도덕적이며, 위험하다고 생각하기 십상이지요. 만일 갈등을 해소하지 못한 채 헤어지면 상대에 대한 왜곡된 이미지는 계속 마음속에 남아 있을 것입니다. 이로 인해 부정적인 생각과 불안은 더욱 커질 테고요.

그런데 당신도 경험해본 적이 있을 것입니다. 자신의 마음속에 '험악하고 위험한' 이미지로 남아 있는 어떤 사람을 다시 만났을 때, 그 사람이 오히려 내게 미안해하고 나를 걱정하고 있었다는 점을 깨닫게 되는 경험 말입니다.

이렇듯이 당신과 상대는 두 사람 사이에 있었던 이야기를 아주 다양하게 해석할 수 있습니다. 어떤 해석은 관계 회복을 위한 모든 희망을 차단해버릴 것이고, 어떤 해석은 다시 연결되기 위한 가능성과 기회를 열어놓고 있겠지요. 상대를 무조건 긍정적으로 바라보고 이해해야 한다는 의미가 아닙니다. 중요한 것은 있는 그대로의 현실을 직시하는 것입니다. 또한 상대가 자신과 다른 관점을 갖고 있다 하더라도 열린 마음으로 받아들일 수 있어야 합니다.

상대의 관점을 열린 마음으로
기꺼이 받아들이는 표현법

\+

당신은 상대가 두 사람 사이에 있었던 일에 대해 이야기할 때 자신을 비난하는 것으로 느껴져 대화가 힘들게 느껴진 적이 있을 것입니다. 반대로 당신이 하는 이야기를 상대가 잘못을 꾸짖는 것으로 받아들여 난감한 적이 있었을지도 모르고요. 또 어떤 때에는 상대가 하는 이야기를 듣다가 자신이 사실이라고 생각했던 것이 실은 잘못된 판단이나 거짓이었을지 모른다는 점을 깨달으며 혼란스러웠던 적이 있을 것입니다.

두 사람의 이야기가 서로 다르다고 해서 반드시 누구는 맞고 누구는 틀리다고 말할 수 없습니다. 따라서 상대의 이야기에 반박하는 대신 "네가 어떻게 생각하고 있는지 알게 돼서 다행이야. 나와 관점이 다르지만, 우리는 서로 다른 사람이니까 그럴 수 있다고 생각해"라고 말할 수 있습니다. 혹은 "내가 경험한 건 좀 다른데, 그렇다 해도 문제가 될 건 없다고 생각해"라는 말로 갈등을 해결할 수 있습니다.

자신의 생각이나 경험을 이야기할 때 내 관점이 반드시 옳다고 주장하는 대신 상대의 관점도 기꺼이 받아들일 수 있다는 신호를 보내는 몇 가지 유용한 표현법이 있습니다. 가령 '내 생각에는', '내가 보기에는', '내 관점에서는'이라는 말로 이야기를 시작하는 것입니다. 이러한 표현은 당신이 하는 이야기가 자신의 관점을 설명하는 것일 뿐이라는 신호를 상대에게 보낼 수 있습니다. 이러한 표현은 또한 당신이 있는 그대로의 진실을 낱낱이 알고 있지 않다는 점을 인식하고 있다고 상대에게 알려주는 효과가 있습니다.

구체적인 표현을 살펴볼까요. 당신은 "넌 항상 머리가 아프다고 하네"가 아니라 "내가 보기에 너는 항상 머리가 아픈 것 같아"라고 말할 수 있습니다. "우리 집은 늘 지저분해"가 아니라 "내가 보기엔 우리 집이 지저분한 것 같아"라고 말할 수 있습니다. 또한 "넌 너무 화가 났었어"가 말하는 대신 "나는 네가 화가 났다고 느꼈어"라고 말할 수 있습니다.

이렇게 당신이 상대의 관점을 열린 마음으로 받아들일 수 있다는 점을 보여주는 것만으로도 두 사람의 관계에 많은 변화를 가져올 수 있습니다. 무엇보다 상대 역시 자신의 마음속에 담아두었던 이야기들을 허심탄회하게 꺼내놓을 수 있게 될 것입니다.

1. 다음에 당신이 상대와 소원해진 이유에 대해 써봅니다. 누군가에게 직접 이야기한다고 생각하며 써보기 바랍니다.

_____

_____

_____

_____

_____

_____

_____

_____

_____

_____

_____

_____

_____

_____

_____

2. 상대는 당신과 멀어진 이유에 대해 어떻게 이야기할지 객관적으로
생각하며 다음에 써봅니다. 그리고 앞에 쓴 내용과 어떻게 다른지
살펴봅니다.

_____

_____

_____

_____

_____

_____

_____

_____

_____

_____

_____

_____

_____

_____

_____

3. 현실을 바라보는 다양한 시각이 존재할 수 있고, 내 관점이 반드시 옳다고 생각하지는 않는다는 점을 상대가 느낄 수 있도록 표현하는 법을 연습합니다. 다음에 제시된 문구에 이어서 당신의 생각을 써봅니다.

내가 느끼기에는
_____
_____
_____
_____

내가 보기에는
_____
_____
_____
_____

내가 생각하기에는
_____
_____
_____
_____

내 입장에서는
_____
_____
_____
_____

5 상황에 따라
유연하게 첫걸음 내딛기

상대를 열린 마음과 태도로 대할 수 있게 되었다면, 이제 당신은 상대와 다시 연결되기 위한 첫걸음을 내디딜 준비가 된 것입니다. 그렇다면 첫걸음은 어떻게 내디뎌야 할까요?

당신은 어떤 말로 대화를 시작할지에 대해 먼저 고민하고 있을지도 모릅니다. 하지만 때로는 활짝 열린 마음과 유연한 태도, 선한 의도를 지니고 있는 것만으로 문제가 저절로 해결될 때도 있습니다.

물론 어떤 경우에나 이런 것은 아닙니다. 당신은 전화와 이메일 중 어떤 것이 더 나을지, 혹은 직접 만나야만 하는 것은 아닌지 고민해봐야 할 수도 있습니다. 또 어쩌면 당신은 '대화'를 하는 것으로 시작해야 할 수도 있습니다. 이때 당신은 두 가지 방법 중 하나를 선택할 수 있습니다. 무언가 즐거운 일을 함께 하자고 제안할 수도 있고, 두 사람의 관계가 멀어진 이유에 대해 솔직한 생각을 털어놓을 수도 있습니다. 두 사람의 관계에 가장 적합하다고 생각하는 방법을 선택할 수도 있고, 두 가지를 한 번에 시도할 수도 있습니다.

어쨌든 이제 당신은 드디어 출발선에 섰습니다. 당신과 상대의 관계가 어떤 상황에 놓여 있는지에 따라 어떤 방법으로 첫걸음을 내디딜지 유연하게 선택하면 됩니다. 다음에 그 방법을 한 가지씩 살펴보도록 하겠습니다.

마음을 다시 여는 데에

말은 중요하지 않을 수 있어요

+

상대의 마음을 다시 열고 관계를 회복하고자 할 때 반드시 어떤 말이 필요한 것은 아닙니다. 또한 말을 건네더라도 미리 계획을 세울 필요가 없을 때도 있습니다. 당신이 열린 마음과 유연한 태도를 지니고 있다면 상대의 말과 행동, 상황과 분위기에 따라서 자연스럽게 이야기가 시작되기 때문입니다.

당신이 다시 마음을 열고자 하는 상대는 한때 서로에 대해 가장 잘 아는 관계였을 수 있고, 어쩌면 한 공간에서 생활하며 밀도 높은 친밀함을 나누는 관계였을 수도 있습니다. 그렇기 때문에 상대는 당신의 눈빛과 몸짓이 전하고자 하는 신호를 단번에 알아차릴 가능성이 높은 것이지요.

다음 사례에서 보듯이, 그저 당신이 이미 마음을 열었음을 느끼게 해주는 재치 있는 말 한마디면 충분할 때도 있습니다.

옆집에 사는 절친한 친구 라스와 집을 수리하는 문제로 의견 충돌이 생기는 바람에 연락을 끊은 지 여섯 달이 지난 어느 날이었다. 존은 옆집 창가에서 새어 나오는 불빛을 보며 드디어 용기를 냈다. 존은 옆집으로 가서 문을 두드렸다. 라스는 식탁 의자에 앉아 시선을 떨꾸고 있었다. 라스는 아무런 말도 하지 않았고 따뜻하게 반기는 기색도 없었다. 존은 라스의 시선을 끈 다음 자연스럽게 "라스, 그만하자!"라고 툭 터놓고 말을 던졌다. 그러자 라스의 눈에 눈물이 고이기 시작했다. 라스는 천천히 자리에서 일어나 존의 어깨에 손을 얹더니 "그래!"라고 말했다. 그리고 나서 라스는 냉장고에서 맥주를 꺼내왔다.

물론 어떤 관계였느냐에 따라, 멀어진 이유가 어디에 있었느냐에 따라 늘 이처럼 간단하게 상황이 풀리지는 않습니다. 좀 더 준비가 필요한 때도 있습니다. 이에 대해서는 당신이 이 책의 앞부분에서 했던 테스트 결과로부터 힌트를 얻을 수 있습니다. 당신이 상대를 얼마나 중요하게 생각하는지, 다시 만날 마음의 준비가 어느 정도 되어 있는지에 따라 관계를 개선하기 위한 첫걸음이 다른 형식을 띨 수 있습니다.

만일 관계를 개선하려는 첫걸음이 실패로 돌아갔다면, 다음

단계는 더욱 신중하게 생각해야 합니다. 다시 연락을 시도하기 전에 접근 방식과 전달할 내용을 신중하게 검토하는 것이 좋습니다.

전화, 이메일, 대면 중
어떤 형태로 연락할지 결정하세요

+

상대에게 먼저 연락해서 손을 내밀기로 결정했다면, 이제 어떤 형태로 연락할지에 대해 생각해야 합니다. 직접 찾아가 만날 수도 있고, 전화를 걸거나 이메일을 보내는 방법도 있습니다. 이 세 가지 방법에는 각각의 장단점이 있으므로 당신의 마음이 가장 끌리는 형태를, 혹은 두 사람이 놓인 상황에 가장 적합한 형태를 선택하면 됩니다.

우선 직접 만나는 대면의 경우를 살펴보겠습니다. 대면의 긍정적인 측면은, 상대의 얼굴을 보는 순간 그동안 가졌던 부정적인 감정이 일시에 허물어질 수 있다는 것입니다. 상황이 좋다면 예전에 서로에게 느꼈던 따스함을 다시 느낄 수도 있을 것입니다. 반면에 대면이 서로에게 좋은 방법이 아닌 경우도 있습니다. 상대가 얼굴을 마주하는 것에 부담을 느끼고 있고, 당신이 자신의 일상에 침범해서 방해를 받았다고 생각할 수도 있습니다. 특히 상대가 먼저 연락을 끊은 경우라면 그럴 가능성이 더욱 높습니다. 따라서 대면을 선택하기 전에 상대가 어떤 사람인지 곰곰이 생각해볼 필요가 있습니다. 당신은 그 사람을 잘 안다고 생각할 수 있지만, 이런 상황에서 그 사람이 어떻게 나올지는 당신도 잘 모르고 있을 가능성이 높습니다.

상대가 내성적인 성향의 사람인 경우에도 갑작스러운 만남을 감당하기 힘들어할 수 있습니다. 이런 경우에는 전화나 이메일로 연락받는 것을 더욱 편하게 생각하겠지요. 전화로 이야기를 나누면 직접 대면할 때보다 덜 부담스러우면서도 상대의 말투에서 감정을 느낄 수 있다는 장점이 있습니다. 또한 문자 메시지나 이메일에 비해 좀 더 자연스럽게 감정을 표현할 수 있고, 운이 좋다면 당신의 유머감각을 발휘할 수도 있을 것입니다.

이메일은 직접 대면에 비해 조심스럽게 접근하고자 할 때 선택할 수 있는 방법입니다. 이메일을 받은 사람은 먼저 이메일의 제목만 읽은 다음 본문 내용을 읽기 전에 마음의 준비를 할 수 있습니다. 상대는 자신이 선택하지 않은 상황에 갑작스레 놓였다는 부담을 느끼지 않아도 되고, 방해받았다는 느낌도 받지 않을 것입니다. 이메일을 쓰는 사람 입장에서도 전하고 싶은 내용을 잘 정리해서 표현할 수 있으므로 감정의 지뢰밭에서 경솔한 말로 발을 헛디디는 사태를 피할 수 있다는 장점이 있습니다.

설사 한 공간에서 매일 마주치는 사이라 하더라도 얼굴을 보며 이야기를 시작하는 것보다 이메일을 교환하는 것이 더 도움이 될 수 있습니다. 이메일을 쓰는 사람과 받는 사람 모두에게 그렇습니다. 이메일을 쓰는 사람은 내용을 쓰기 전에 생각을 잘 정리하는 시간을 가짐으로써 꼭 필요한 말을 놓치거나 하지 않아야 할 말을 충동적으로 하는 것을 피할 수 있습니다. 또 이메일을 받는 사람은 마음의 준비를 한 뒤 내용을 읽을 수 있고, 회신 역시 서두르지 않고 스스로 감정에 솔직하고 마음이 평온한 시점을 선택해서 쓸 수 있습니다.

전화, 이메일, 대면 모두 적절한 방법으로 보이지 않는다면, 한층 더 에둘러 연락하는 방식도 있습니다. 가령 '선물'을 보내는 방식이 있습니다. 당신은 인터넷으로 손쉽게 꽃다발을 주문하고 따뜻한 안부 인사를 쓴 카드를 동봉해서 보낼 수 있습니다. 예를 들어 "낡은 상자들을 정리하다가 당신이 내 이사를 도와줬던 때가 떠올랐습니다. 그때 도와줘서 고맙다는 마음을 충분히 표현했는지 모르겠네요. 만약 그렇지 않았다면 지금도 너무 늦지 않았길 바랍니다. 도와줘서 고마웠어요. 당신이 괜찮다면 꼭 다시 연락하고 싶어요"라고 쓸 수도 있겠지요. 또 상황에 따라서는 간단하게 "보고 싶어요"라는 문장 하나면 충분할 때도 있습니다.

즐거운 시간을 함께 보내는 것만으로
마음이 열릴 수 있습니다

+

어떤 형태로 연락할지 결정했다면 이제는 어떤 말로 시작할지 고민해야 합니다. 당신은 두 가지 방법 중 하나를 선택할 수 있습니다. 한 가지는 무언가 즐거운 일을 함께하자고 제안하는 것이고, 다른 하나는 두 사람의 관계가 멀어진 이유에 대해 허심탄회하게 이야기해보자고 제안하는 것입니다. 두 사람의 관계와 상황에 알맞은 방법을 선택해야 하고, 어쩌면 두 가지 방법을 동시에 시도할 수도 있을 것입니다.

즐거운 일을 함께하자고 제안하려 한다면 예전에 두 사람이 어떤 것을 함께했을 때 즐거웠는지를 떠올려보세요. 가령 쇼핑이나 운동을 함께할 수도 있고, 한창 인기를 끌고 있는 공연이나 스포츠 경기를 관람하는 것도 좋습니다. 가능하면 두 사람 모두 평소에 즐겨 하는 일이어야 하고, 예전에 함께했던 좋은 기억을 갖고 있는 일이면 더욱 좋습니다. 두 사람이 즐겁고 편안한 마음으로 함께 시간을 보내는 것만으로 굳게 닫혔던 마음을 열 수 있습니다. 그러한 시간을 통해 자신도 모르게 마음속에 감춰뒀던 친밀함에 대한 기억을 떠올릴 수 있다면 두 사람 모두의 상처를 치유하는 데에 많은 도움이 될 것입니다.

어떤 관계에서는 두 사람을 갈라놓은 원인에 대해 굳이 이야기를 나누지 않아도 마음속 상처와 갈등을 극복할 수 있습니다. 때로는 가벼운 유머 한마디로 그동안 쌓인 긴장과 불안을 충분히 풀어낼 수 있습니다. 짧더라도 즐거운 시간을 함께하는 것만으로 서운함, 수치심, 눈치 보는 마음에서 벗어날 수 있습니다.

당신이 즐거운 시간을 함께 보내자고 제안했는데 상대가 이를 받아들이지 않을 수도 있습니다. 그렇다면 상대가 마음을 좀 더 열 때까지 기다려야 합니다. 혹은 두 번째 제안, 두 사람의 관계에서 무엇이 문제인지 심도 있는 대화를 나누자는 제안을 해볼 수도 있습니다. 이런 경우 어떻게 대화를 시도할지에 대해서는 다음 절에서 살펴보도록 하겠습니다.

1. 전화, 이메일, 직접 만남 중 어떤 방법으로 첫 번째 연락을 하고 싶은지 생각해보세요. 그리고 첫 번째 연락에서 상대에게 전하고 싶은 내용을 다음에 써보십시오.

_____

_____

_____

_____

_____

_____

_____

_____

_____

_____

_____

_____

_____

_____

_____

2. 두 사람의 관계에 대한 진지한 대화를 나누고 싶은지, 아니면 즐거운 일을 함께하자고 제안하고 싶은지 생각해봅니다. 그리고 후자의 경우라면, 함께하고 싶은 즐거운 일이 어떤 것인지 아래에 '리스트'를 작성해봅니다.

1. _____

2. _____

3. _____

4. _____

5. _____

6. _____

7. _____

8. _____

9. _____

10. _____

6   깊은 내면의 감정을
솔직하게 드러내기

대부분의 사람이 어떤 관계에 문제가 생기면 슬픔, 불안, 절망, 분노, 수치심 등 부정적인 감정을 품게 됩니다. 시간이 흐르면서 우리는 이 부정적인 감정을 온갖 불쾌한 이야기들로 각색하는가 하면, 점점 더 내면 깊숙한 곳에 밀어넣고 회피해버리기도 합니다. 관계에서 발생한 문제를 해결하고자 할 때에는 이러한 부정적인 감정을 허심탄회하게 털어놓는 것이 가장 중요합니다. 깊은 내면에 자리 잡은 솔직한 감정에 대해 이야기하지 않은 채 피상적이고 일반적인 대화만 나눈다면 관계를 개선하거나 회복하기가 좀처럼 쉽지 않을 수 있습니다. 특히 이미 상처가 깊어져 곪을 대로 곪아버린 상황이라면 더욱더 밀도 높은 대화가 필요합니다.

한 가지 염두에 두어야 할 것은, 이러한 대화는 일정 정도의 위험 부담이 따른다는 점입니다. 분노, 원망, 억울함, 수치심 등 온갖 부정적인 감정을 대하면 의도치 않더라도 아픈 상처를 건드리는 것처럼 느껴질 수 있기 때문입니다. 대화를 나누는 두 사람이 모두 충분한 포용력과 정신적인 여유를 지니고 있지 않다면 이런 시도는 결국 싸움으로 끝나고 사태를 더욱 악화시킬 수 있습니다.

따라서 감정을 주고받는 밀도 높은 대화를 나누기 전에, 상대도 이런 대화를 나누기 원하는지 먼저 확인하는 것이 좋습니다. 가령 "서로에 대한 감정을 이야기하고 싶은데 당신은 어떻게 생각하나요?"라든가, "지금 당신에 대한 내 감정을 말하고 싶은데 들어줄 수 있나요?"라고 물어볼 수 있겠지요. 이런 질문을 받은 상대는 이야기를 좀 더 긍정적으로 받아들일 마음의 준비를 할 수 있습니다.

또한 당신과 상대가 어떤 심리 상태인가에 따라 처음부터 마음속 감정을 이끌어내기보다 우선 상대의 이야기에 귀를 기울이는 것이 위험 부담을 줄일 수 있는 방법입니다. 즉 본격적인 대화를 하기에 앞서 당신은 두 가지 방법 중 하나를 선택할 수 있습니다. 하나는 두 사람 관계에서 서로를 힘들게 하는 문제가 무엇인지 솔직하게 털어놓는 대화를 하는 것입니다. 다른 하나는 상대가 마음을 열고 감정을 털어놓을 수 있도록 해주고 당신은 그 이야기를 들어주는 것입니다.

두 번째 대화에 대해서는 다음 절에서 살펴보기로 하고, 우선은 첫 번째 대화법에 대해 살펴보겠습니다.

자신을 해명하거나 변명하는 대신
솔직한 마음을 먼저 보여주세요

+

어떤 사람과 다투거나 헤어진 뒤에 화해하려면 먼저 '해명'을 해야 한다고 생각하는 사람이 많습니다. 이들은 자신이 어떤 행동을 했거나 혹은 어떤 행동을 하지 않았던 데에 아무런 악의도 없고 오히려 정말 좋은 의도로 그렇게 했다는 점을 상대에게 알려야 한다고 생각합니다.

물론 관계의 문제를 해결하고자 할 때 적절한 해명이 도움이 될 때도 있습니다. 특히 각자 서로 다른 관점을 갖고 있을 경우에는 자신의 입장을 친절하게 설명하는 '해명'을 통해 오해와 갈등이 풀어지기도 합니다.

다만 '해명' 역시 신중하게 접근하지 않으면 오히려 문제 해결을 방해할 수 있는 위험 부담을 안고 있습니다. 당신은 최선을 다해서 해명하고자 해도 상대가 그저 '자기변명'에 지나지 않는 것으로 받아들일 수 있습니다. 또한 자신의 입장에서 해명하다 보면 비록 의도하지 않더라도 은연중에 상대에 대한 비난이 담기게 마련입니다. 이렇게 되면 문제가 해결되기는커녕 더욱 꼬여버리고 말 것입니다.

첫 번째 대화를 시도할 때 당신의 입장을 먼저 설명해야겠다는 생각은 아예 버려야 합니다. 해명은 상대의 마음이 충분히 열렸을 때 해도 늦지 않습니다. 해명하기보다 그저 솔직한 마음을 보여주는 것이 더 중요함을 보여주는 사례가 있습니다. 동생과의 관계를 풀기 위해 노력한 헤닝의 사례를 한번 살펴보겠습니다.

내 남동생은 현재 부모님과 전혀 연락하지 않고 지내고, 나에게도 일년에 두어 차례 잠깐 방문하는 정도로 가끔씩만 연락합니다. 나는 남동생에게 양심의 가책을 느껴요. 부모님은 우리 형제를 차별했거든요. 나는 똑똑하고 고분고분한 아이였어요. 남동생은 학교 진도를 따라가는 데 쩔쩔매는 산만한 아이였죠. 부모님은 자주 동생을 야단치면서 형을 본받으라고 말했습니다.

나는 남동생에게 해명하려고 했습니다. 차별을 당한 것은 내 잘못이 아니고, 어른이 된 뒤에야 비로소 문제를 알아차릴 수 있었으며 아마도 부모님은 형을 본받으라는 격려가 동생에게 도움이 된다고 믿었을 것이라고 이야기했죠. 차별 대우는 많은 가정에서 일어나는 일이고 동생이 지난 일을 묻어둘 수 있다면 모두에게 더 좋을 것이라고 말했습니다.

어느 날, 나는 똑같은 말을 하기가 지긋지긋해졌습니다. 달리 무슨 말을 해야 할지 막막하던 차에 난데없이 내 입에서 "차별은 정말 구린 거야"라는 말이 튀어나왔죠. 그러자 남동생은 고개를 들고 눈물을 글썽이며 내 눈을 보다가 차별 대우를 당하며 자기가 얼마나 힘들었는지 털어놓기 시작했습니다.　　　　　　　　　　　　　　 ― 헤닝, 55세

헤닝이 부모와 자기 자신의 행동을 해명하거나 변명하려는 시도를 그만두자 그제야 비로소 화해의 기회가 마련되었습니다. 부모의 차별 대우로 인해 상처받은 동생의 마음을 여는 데에 형의 해명은 아무런 도움도 되지 않을 뿐 아니라 오히려 변명처럼 들렸음을 짐작할 수 있습니다.

당신의 현재 감정과 욕구를
솔직하게 드러내 표현해보세요

+

대화를 시작할 때 자신의 입장을 해명하거나 상대의 잘못을 지적하는 말을 먼저 꺼내는 것은 그다지 바람직하지 않습니다. 당신이 상대에 대해 어떤 감정을 갖고 있는지 솔직하게 털어놓아야 합니다. 그래야 상대의 마음도 차츰 열리고 꾹꾹 눌러왔던 감정에 대해 말을 꺼낼 수 있습니다.

우리는 앞의 1장에서 '상대에 대한 나의 감정'을 확인하기 위한 연습을 했습니다. 이별 편지를 써봄으로써 상대가 내게 얼마나 중요한 존재인지 확인할 수 있었고, 상대가 내게 해주기를 바라는 말들을 적어봄으로써 내가 상대에게 바라는 것이 무엇인지 확인할 수 있었습니다.

이제 그것을 상대에게 진솔하게 말로 표현해볼 차례입니다. 당

신이 상대에 대해 어떤 감정을 갖고 있는지, 상대에게 무엇을 바라고 있는지, 당신이 무엇 때문에 슬프고 불안한지에 대해 이야기를 나누는 것입니다.

한 가지 짚고 넘어가야 할 점은 '분노'를 표현하는 문제입니다. 분노 표현이 도움이 되는 관계도 있습니다. 그러나 대부분의 경우에 분노는 분노를 낳게 마련입니다. 당신이 분노를 드러내면 상대 역시 참았던 분노를 표출하고 싶어질 것입니다. 하지만 앞에서도 살펴보았듯이 분노라는 감정은 취약한 다른 감정을 감추기 위한 방패 역할을 할 때가 많습니다.

서로에게 분노를 먼저 드러내면 그 아래 감춰진 감정들은 드러날 기회를 잃어버립니다. 결국 힘들게 열었던 마음의 문이 다시 닫혀버릴 것입니다. 따라서 당신의 마음에 분노가 느껴진다면, 그 분노라는 방패 뒤에 감추고 있는 취약한 감정을 먼저 끄집어내어 용감하게 표현해보십시오. 그러면 상대 역시 분노가 아닌 더 깊숙한 곳의 진솔한 감정을 드러낼 것입니다.

지금 이 순간의 나와 너에 집중하며
이야기하는 대화법

+

솔직하고 밀도 높은 대화는 두 사람의 관계를 이전보다 더욱 돈독하게 다지도록 도와줍니다. 다만 이런 대화를 나누는 것이 누구에게나 쉬운 일은 아닙니다. 더구나 어색하고 불편한 관계에 있는 상대를 오랜만에 만나 이야기를 나누려면 적잖은 용기와 더불어 현명한 대화법이 필요하지요.

저는 《센서티브》라는 책에서 네 단계의 대화법에 대해 소개한 바 있습니다. 첫 번째는 잡담과 피상적인 대화이고, 두 번째는 상대방의 흥미를 끄는 대화입니다. 세 번째는 개인적인 영역의 대화로서 자기 주변의 일이나 다른 사람들에 대한 감정과 경험을 이야기하는 것입니다. 마지막으로 네 번째는 직접 대화로서 '지금 여기에 있는 나와 너'에게 집중하며 이야기하는 것입니다. 바로 이 네 번째 대화를 통해 당신은 관계의 밀실에 감춰둔 비밀을 조심스레 끄집어낼 수 있습니다.

네 번째 단계의 대화를 통해 두 사람은 지금 이 순간에 서로를 어떻게 느끼고 생각하는지에 대해 말하고 이해할 수 있습니다. 각자가 상대에게 얼마나 중요한 존재인지 느낄 수 있게 됩니다. 이러한 대화는 이야기가 끝난 뒤에도 삶을 좀 더 풍요롭게 만들어줍니다. 아마도 당신은 이 대화를 오래도록 기억하게 될 것입니다.

지금 이 순간에 생각하고 느끼는 바를 표현할 수 있는 문장들을 몇 가지 소개합니다.

- 너와 더 가까워지고 싶지만 너도 그걸 바라는지 잘 모르겠어.
- 네가 눈길을 돌리니까 거부당한 듯한 기분이 들어.
- 더 이상 너에게 다가갈 수 없어서 정말 슬퍼.
- 나는 이런 상황에 익숙하지 않아서 심장이 두근거려.
- 내게 무언가를 물어봐 줘. 네가 나와 내 생활에 관심이 있다는 느낌을 받고 싶어.
- 내가 너무 솔직하게 말해도 네가 부담스러워하지 않았으면 좋겠어.
- 네가 나에게 긍정적인 말을 해주지 않아서 섭섭해.
- 여기에 그냥 이렇게 앉아서 걱정하는 대신 너를 따뜻하게 안아주고 싶어.
- 네가 말하지 않고 가만히 앉아 있으면 내 가슴이 철렁 내려앉아.
- 지금 내 눈앞에 있는 너를 보며 나는 호감을 느껴.
- 예전에 우리가 눈을 마주쳤을 때 네 눈빛에 어리던 미소가 정말이지 그리워.

어쩌면 당신은 상대의 속마음이 궁금해 "나를 어떻게 생각해?"라고 먼저 물어보고 싶을 수 있습니다. 하지만 당신이 먼저 솔직한 마음을 이야기하면 상대 역시 마음을 열고 진심을 털어놓을 가능성이 높아집니다. 열린 마음과 솔직함은 재채기만큼이나 전염성이 강하기 때문입니다.

당신이 충분히 열린 마음으로 솔직하게 다가갔는데도 상대가 여전히 마음 열기를 주저한다면 어떻게 해야 할까요? 그렇다면 "평소에 나는 이렇게 솔직하고 직설적으로 표현하지 않지만, 지금은 내가 한 말을 네가 어떻게 생각하는지 꼭 알고 싶어"라든가 "꼭 지금이 아니어도 되지만, 너도 네 마음속에 있는 이야기를 들려주면 정말 고맙겠어. 나는 네가 어떤 이야기를 할지 정말 궁금하고, 한편으로는 두렵기도 해"라는 표현을 통해 상대의 반응을 이끌어내려는 시도를 해볼 수 있습니다.

사람에 따라서는 지금 이 순간에 느끼는 감정을 표현하는 것이 매우 어려운 일로 다가올 수 있습니다. 이런 경우에는 노련한 중개자 역할을 할 수 있는 제삼자가 대화 자리에 참여하는 방법을 고려해볼 수 있습니다. 또 대화를 나누는 것이 힘겹게 느껴지거나 대화의 흐름이 생각지 못한 방향으로 흘러간다고 생각될 때는 잠시 휴식을 취하는 것이 도움이 됩니다.

때로는 자신의 약점을 드러냄으로써
상대의 마음을 열 수 있습니다

+

모든 사람이 열린 태도로 솔직하게 마음을 털어놓는 대화를 나누기를 원하는 것은 아닙니다. 특히 자신의 약점을 드러내야 한다면 더더욱 그렇겠지요. 따라서 처음 만나 대화를 시작할 때는

'지금 여기에 있는 나와 너'에 집중하며 이야기를 나눠보세요.

이런 대화를 통해서만

관계의 밀실에 감춰둔 비밀을 조심스레 끄집어낼 수 있고

각자가 상대에게 얼마나 중요한 존재인지 느낄 수 있습니다.

가능한 한 상대가 긍정적으로 느낄 만한 이야기를 꺼내는 것이 좋습니다. 혹은 당신이 먼저 자신의 약점을 드러내는 것도 좋은 방법입니다. 그러면 상대도 어느 정도 안심하면서 자신의 부정적인 감정과 약점에 대해 털어놓을 용기를 낼 수 있을 테니까요.

다만 유의할 점은, 당신이 먼저 약점을 드러내는 방법은 상대역시 당신과의 관계를 회복하고 싶은 마음이라는 점을 확인했을 때 선택하는 것이 좋습니다. 그렇지 않고 상대가 여전히 당신과 연락하기를 꺼리는 상황이라면 자신의 약점을 드러내면서 솔직한 감정을 이야기하기 전에 충분히 생각해볼 필요가 있습니다. 왜냐하면 이런 경우 상대는 당신의 솔직한 이야기를 들으며 오히려 비난받는다고 느낄 수 있고, 당신이 너무 가깝게 다가오는 것 같은 부담감에 뒤로 더 물러설 수 있기 때문입니다.

두 사람 사이에 있었던 과거의 일에 대해 이야기할 때도 상대를 비난하거나 원망하기보다는 그 일에 대한 당신의 감정을 이야기하는 것이 좋습니다. 그것이 비록 당신을 나약해 보이게 하는 취약한 감정이더라도 말입니다. 내면의 깊숙한 감정을 끌어올려 이야기하다 보면 자신도 모르게 격앙될 수 있습니다. 그렇게 되면 상대가 움츠러들어 다시 마음을 닫아버릴 수 있으므로 유의해야 합니다.

자신의 감정에 대해 솔직하게 이야기하되 상대에 대한 배려를 잊어서는 안 됩니다. 앞에서 대화를 시작하려면 먼저 유연하고 열린 자세가 우선되어야 한다고 했는데, 대화 도중에도 이 유연하고 열린 자세를 계속 유지할 수 있도록 노력해야 합니다.

당신과 대화하는 상대가 부모님이라는 가정하에 좀 더 구체적으로 이야기를 해볼까요. 당신이 어린 시절에 상처받았던 어떤 일에 대해 이야기하고 싶다면, 당신이 어렸을 때와 지금 현재는 자녀 양육에 관한 기준이 다르다는 사실을 명심하고 현재의 기준으로 부모님을 판단하지 않도록 해야 합니다. 가령 당신은 이렇게 이야기를 시작할 수 있습니다. "제가 어렸을 때는 어린이를 대하는 방식이 지금과 달랐다는 건 알아요." 이어서 당신이 진심을 담아서 "저는 두 분이 최선을 다하셨다고 생각해요"라고 말한다면, 부모님도 죄책감이나 수치심에서 벗어나 마음을 열고 대화를 시작할 용기를 낼 수 있을 것입니다. 그런 다음에는 당신이 어린 시절 부모님에게 무엇을 바랐는지, 무엇 때문에 상처받았는지 이야기해도 부모님은 더 이상 비난받는다고 느끼지 않을 것입니다.

또 당신은 부모님이 대화에 좀 더 깊숙이 참여하도록 유도할 수도 있습니다. 가령 "너무 늦지 않았어요. 아직 기회는 있어요. 제가 어릴 때 무엇을 잘했고 지금은 무엇을 잘한다고 생각하시는지 말씀해주세요"라고 말하는 것이지요. 부모님은 아마도 기쁜 마음으로 진심을 다해 그 대답을 들려줄 것입니다.

진솔한 대화를 위해 자신의 약점을 먼저 드러내거나 상대로 하여금 약점을 털어놓을 수 있도록 도와주는 것은 매우 좋은 방법입니다. 이런 대화를 나누고 나면 대부분의 사람들이 경계심을 늦추며 한 발 더 가까이 다가섭니다. 하지만 어떤 관계에서는 위험 부담을 감수해야 할 수도 있습니다. 만일 어느 정도까지 위험을 무릅쓸 수 있을지 확신이 서지 않는다면 우선은 조심스럽게 나아갈 필요가 있습니다. 즉 상대가 먼저 솔직한 감정을 표현할 수 있도록 이끌고, 당신은 열린 마음으로 들어주는 편이 현명할 수도 있습니다. 이에 관해서는 다음 절에서 살펴보도록 하겠습니다.

1. 상대의 마음을 열고 밀도 높은 대화를 하기로 했다면, 대화를 나누는 현재 자신의 감정을 솔직하게 표현하는 것이 무엇보다 중요합니다. 102쪽에 제시된 예시를 참조하여 상대가 앞에 있다고 가정하며 솔직한 감정을 표현해봅니다.

_____

_____

_____

_____

_____

_____

_____

_____

_____

_____

_____

_____

_____

_____

2. 당신과 상대의 관계에서 발생한 문제들에 대해 정리해본 뒤에 상대와 어떤 내용으로 대화를 나누는 것이 좋을지 고민해봅니다. 그 대화 내용을 아래에 적어보되, 각각의 내용에 대한 상대의 반응을 신중하게 예측하며 적어봅니다.

7 상대가 마음을 열도록 이야기 들어주기

상대의 마음이 어느 정도 열렸는지 확신이 서지
않을 때는 자신의 이야기를 하는 대신 상대의 이야기를 먼저 들
어주는 것이 좋습니다. 문제를 겪고 있는 두 사람이 모두 내면의
솔직한 감정을 털어놓을 수 있다면 무척 마음이 후련해지겠지
만, 그런 일이 언제나 가능한 것은 아닙니다. 상대는 아직 당신
의 이야기를 들을 준비가 되어 있지 않거나, 듣고 싶지 않은 마
음 상태일 수 있습니다. 그럴 때는 상대가 먼저 마음속 이야기를
꺼내놓을 수 있도록, 당신이 상황을 마련해줄 수 있습니다.
　상대가 가까이 다가올 수 있도록 이끄는 가장 좋은 방법은 귀
를 쫑긋 세우고 열심히 이야기를 들어주는 것입니다. 물론 그냥
듣기만 해서는 안 됩니다. 상대가 용기 내서 부정적인 감정을 털
어놓을 수 있도록 다양한 방법으로 도와야 합니다. 상대가 그동
안 쌓아두었던 감정들을 당신에게 꺼내놓을 수 있게 되면 관계
의 문제를 해결하는 새로운 돌파구가 마련될 수 있습니다.

상대가 당신과 멀어진 이유는
말하지 못한 부정적 감정 때문입니다

+

어떤 사람이 누군가와 거리를 두기로 마음먹었을 때, 대개 그 이유는 상대에게 자신의 생각과 감정을 직접적으로 말하는 데 어려움을 느끼기 때문입니다. 상대에게 불편하고 불만족스러운 기분이 드는데도 어떤 이유로든 밖으로 표현하지 못해 안으로 쌓인다면 그 사람을 보지 않거나 형식적으로만 대하는 방식으로 자신을 보호하려 하는 것이지요. 이러한 행동도 앞에서 '분노'라는 감정에 대해 이야기할 때 언급했던 '방어기제' 또는 '수동적 공격'에 해당한다고 볼 수 있습니다. 물론 많은 사람들이 자신이 어떤 사람과 왜 멀어지고 싶은지 그 이유를 잘 모른 채 그저 혼란스러워합니다.

제가 상담했던 잉거도 그런 경우였습니다. 잉거는 친구에게 화가 났는데도 그것을 표현하지 못한 채 쌓아두는 바람에 친구와 만나는 것을 회피하게 되고, 결국 그 친구와는 멀어진 상태였습니다. 잉거가 들려준 이야기는 다음과 같았습니다.

"친구가 정당한 이유도 없이 약속에 늦으면 짜증이 나요. 그런데 말을 못 하고 계속 쌓아두니 나중에는 그 친구와 만나기로 약속하고 싶지 않더라고요. 나는 그 친구에게 약속 시간을 지켜달라고, 내게는 그

것이 중요하다고 말하고 싶은데, 그런 말을 하려고 하면 분노와 짜증이 먼저 치밀어서 말할 수가 없었어요. 언젠가 말해야지 하면서도 계속 미루다가 결국 그 친구를 더 이상 보고 싶지 않게 되었어요."

상대가 먼저 거리를 두면서 멀어진 경우라면 상대가 당신에게 느끼는 부정적인 감정들을 솔직하게 털어놓아야만 '거리두기'나 '멀어지기'를 통한 수동적 공격을 멈추고 관계를 개선하기 위한 첫걸음을 내디딜 수 있습니다. 하지만 상대는 그러한 부정적 감정들을 겉으로 표현하는 데에 어려움을 겪고 있기 때문에 당신이 진심을 다해 도와줄 필요가 있습니다.

많은 사람들이 분노와 짜증과 같은 부정적 감정을 표현하는 데 어려움을 겪지만, 이와는 정반대로 어떤 상황에서든 금세 흥분해서 언성을 높이는 사람들도 있습니다. 이들은 오히려 너무 자주 분노를 표현하기 때문에 어떻게 하면 분노를 자제하고 밖으로 드러내지 않을 수 있을까 고민하기도 합니다.

만일 당신이 다가가고자 하는 사람이 평소에 화를 잘 내면서 당신을 불쾌하게 몰아세운 적이 있다면 그 사람이 또다시 화풀이를 하도록 부추길 이유는 없습니다. 즉 그런 사람에게는 부정적인 감정을 밖으로 표현하도록 당신이 나서서 이끌 필요가 없습니다. 상대가 부정적인 감정에 대해 말할 수 있도록 이끄는 방법은 상대가 당신에게 말하지 않은 부정적인 감정과 욕구로 인해 마음에서 멀어지고 소원해진 경우에만 적절하고 추천할 만한 방법입니다.

아래 그림은 부정적 감정을 표현하지 못해 뿌연 안개에 휩싸여 있는 두 사람의 모습입니다.

1. 나는 네가 … 했을 때 마음이 아팠어.

2. 나는 네가 … 할 때 지루해.

3. 네가 … 할 때 우리 관계가 날 짓눌러.

4. 나는 네가 … 할 때 기분이 나빠.

5. 나는 네가 … 할 때 짜증이 나.

6. 나는 네가 … 할 때 그리워.

7. 나는 네가 … 하면 좋겠어.

안개 속에는 두 사람이 미처 표현하지 못한 부정적 감정들과 상대를 향한 욕구가 감춰져 있습니다. 이런 안개를 걷어내지 않는 한 두 사람은 진정한 의미에서 화해할 수 없고, 서로 가까이 다가설 수도 없습니다.

우리가 말하지 않고 쌓아두는 생각과 감정은 수동적 공격 형태로 드러나 사람들과 멀어지게 합니다. 상대에게 해야 할 말을 하지 못한 채 입을 다물면 그 관계는 오랫동안 물을 주지 않은 꽃처럼 시들어버릴 것입니다. 상대가 자신의 감정을 좀처럼 드러내지 않고 감추기만 한다면 아마 당신도 상대에게 다가가려는 의지가 꺾여버려 관계를 개선하려는 노력을 더 이상 하고 싶지 않을 수 있습니다.

상대의 부정적인 감정을
먼저 알아봐주고 인정해주세요

+

상대가 감춰두었던 부정적인 감정을 표현하길 바란다면, 당신이 먼저 자신의 약점이나 잘못을 드러냄으로써 상대의 부정적 감정을 '인정'하는 것이 좋은 방법이 될 수 있습니다. 당신 입장에서 이것은 '양보'처럼 보이겠지만, 결국 이를 통해 당신이 더 많은 보상을 얻을 수 있으므로 밑지는 일은 아닙니다.

다음은 상대가 용기를 낼 수 있도록 당신이 먼저 '인정'해주는 표현법의 예시들입니다.

- 나처럼 성격이 까다로운 사람과 함께 사는 것이 쉽지만은 않다는 건 나도 잘 알아.
- 내가 너를 두고 혼자 외출했을 때 네가 슬펐을 거란 점 나도 이해해.
- 내가 이직하느라 지쳐서 오랫동안 너와 제대로 시간을 보내지 못하는 바람에 힘들었을 거야.
- 내가 너무 독단적이고 남의 말을 잘 듣지 않는다는 걸 알아. 이런 점이 너를 화나게 했을 거야.
- 넌 내가 약속한 것들을 잘 지켜주길 바랐을 텐데 나는 그러지 못했어. 네가 화를 내는 것도 당연하다고 생각해.

상대가 어떤 일로 힘들어했는지 알아봐주고 그로 인한 부정적 감정들을 인정해줌으로써 당신은 상대가 자신의 솔직한 감정과 하지 못하고 쌓아두었던 이야기들을 꺼내도록 격려할 수 있습니다. 당신이 위와 같은 표현으로 말문을 여는 것만으로도 상대로 하여금 자신이 얼마나 힘들었는지 털어놓을 따뜻한 정서적 토대를 만들어줄 수 있습니다.

상대가 이야기를 시작하면 당신은 마음을 열고 귀 기울여 들어야 합니다. 그 이야기에 당신에 대한 비난이나 오해가 있더라도 해명하거나 자기방어를 하려고 애쓰지 않는 것이 중요합니다. 당신이 본인의 입장을 해명하려 하거나 방어적인 태도를 취하면 상대는 자신이 털어놓으려 하는 감정이 잘못된 것으로 느껴져 다시 입을 다물 수 있기 때문입니다.

이야기에 귀를 기울이면서 상대에게 관심을 보이고 배려하고 있음을 보여주는 것도 중요합니다. 상대의 눈빛과 몸짓도 세심히 관찰해보세요. 경계하며 경직되었던 몸짓이 어떻게 마음을 열고 포용하려는 몸짓으로 바뀌는지 보면서 그 마음을 따라가보세요. 상대가 이야기하는 동안 두 사람의 심리적 거리가 얼마나 가까워지고 있는지 느껴보는 것도 좋습니다.

상대의 솔직한 감정을
편안하게 이끌어내는 표현법

+

상대가 이야기하는 동안에는 방해되지 않도록 당신은 말을 아끼는 것이 좋습니다. 다만 대화가 중단되었을 때는 상대가 계속해서 이야기를 이어갈 수 있도록 적절한 질문을 해주는 것도 좋습니다. 가령 "좀 더 자세하게 이야기해주겠니"와 같은 표현은 여러 번 반복해도 괜찮습니다. 만일 상대가 침묵하거나 부정적인 반응을 보이더라도 대화를 계속 이어나갈 수 있는 표현법이 무엇인지 궁금하다면 다음 사례들을 참고하세요.

사례 1

제인 당신에게 하고 싶은 말이 있어.

(쇠렌은 마치 제인이 기저귀를 갈라고 시키기라도 한 듯한 표정으로 쳐다본다.)

제인 나와 살기가 쉽지만은 않다는 건 나도 잘 알아.

(쇠렌은 찡그리고 있던 얼굴을 펴고 흥미로운 표정을 짓는다.)

제인 얼마나 힘든지 내게 이야기해줄 수 있겠어?

(쇠렌은 할 말을 찾는 듯 보인다.)

제인 가령, 당신이 축구 경기할 때 내가 가서 응원해주기를 바라지?

쇠렌 당신이 그런 거 별로 좋아하지 않는 거 알아.

제인 내가 가끔 기분이 우울해서 찌푸리고 있을 때 옆에 있는 당신도 힘들겠구나 하는 생각을 한 적이 있어.

(쇠렌이 아이패드를 내려놓는다.)

제인은 쇠렌이 무슨 일로 힘들어했을지 짐작하며 자신이 그것을 알고 있음을 알려줍니다. 여기에서 제인의 추측이 꼭 맞지 않아도 그것은 그다지 중요하지 않습니다. 중요한 것은 제인이 쇠렌의 이야기를 듣고 싶어 한다는, 그의 부정적인 감정을 기꺼이 듣겠다는 신호를 보냈다는 점입니다.

사례 2

엄마 나 같은 엄마를 둬서 네가 힘들 수 있다는 건 알아.

(딸이 조심스럽게 쳐다본다.)

엄마 내가 학교 수업에 관해 물으면 네가 좋아하지 않는 것 같더라.

딸 맞아요.

엄마 아마 그것 말고도 내가 하는 말들이 지겨운 잔소리 같을 때가 많을 거야.

(딸은 할 말이 있는 표정이지만 입 밖에 내지 않는다.)

엄마 엄마는 네가 엄마 딸로 살면서 어떤 점이 힘든지 말해주면 좋겠구나. 엄마 기분이 상할까 봐 걱정하진 않아도 된단다.

(딸은 아무 말도 하지 않지만 분명히 관심을 보인다.)

엄마 지금 당장 이야기하지 않아도 괜찮아. 좀 생각해보고 나중에 말해줘. 엄마는 네가 어떻게 생각하는지 꼭 듣고 싶어.

아마도 위 사례에서 엄마가 자신의 입장에서 사는 게 얼마나 힘들고 바쁜지 등등을 변명하면서 대화를 시작했다면 어땠을까요. 아마도 딸은 또다시 지겨운 잔소리가 시작됐다고 생각하며 도망쳤을 것입니다. 딸이 어느 정도 마음을 연 뒤에는 그런 이야기를 할 수 있겠지만 처음 대화를 시도할 때는 딸이 먼저 마음을 열고 대화에 참여할 수 있도록 이끌어내는 것이 중요합니다.

자신이 하고 싶은 이야기를 참고 다른 사람의 이야기에 먼저 귀를 기울이는 것이 쉽지 않을 수 있습니다. 딸을 훈육해야 한다고 생각하는 엄마의 입장이라면 더더욱 그렇겠지요. 더구나 상대가 하는 이야기에는 당신을 비난하고 죄책감을 느끼게 만드는 내용들이 있을 수 있습니다. 아무리 유연한 자세로 대화에 임하겠다고 마음을 먹었어도 순간 기분이 나빠지고 대화를 중단하고 싶을 수 있습니다. 하지만 당신이 정말 관계를 개선하고 싶다면 상대의 마음이 더 열릴 때까지 기다려야 합니다. 당신이 자신의 입장을 해명하고 상대의 관점에 대한 피드백을 줄 수 있을 만큼 상대의 마음이 열릴 때까지 인내심을 갖고 버텨야 합니다.

사례 3

헨릭에게. 네가 왜 엄마에게 연락하려 하지 않는지 많이 생각해봤단다. 나 같은 사람을 엄마로 둬서 얼마나 힘들었는지 말해준다면 정말 고마울 거야. 되돌아보면 엄마가 너무 집요했던 것 같구나. 네가 밖에 나갈 때마다 어떤 일로 나가는지 알려고 했던 것도 그렇고. 네게 좀 더 자유를 주지 못해서 미안하다. 네가 참견하지 말라고 여러 번 말했지만 엄마는 귀담아듣지 않았어. 다시 그때로 돌아갈 수 있다면 좋겠구나. 네가 엄마에게 연락하고 싶어 하지 않는 다른 이유가 있을 수도 있겠지. 그 이유를 꼭 들어보고 싶다.　　　　　　　— 사랑하는 엄마가

이 편지를 쓴 어머니는 헨릭이 자기에게 연락하고 싶어 하지

않는 이유가 무엇인지 말하며 아들이 힘들어하는 것을 인정해주고 있습니다. 또한 "다른 이유가 있을 수도 있겠지"라는 말로 자기가 잘못했을 수 있다는 사실을 받아들이고, 고치고 싶다는 의지를 보여주고 있습니다.

사례 4

게르다에게. 내가 약속을 갑자기 취소해서 네가 화난 거 이해해. 잔뜩 기대하고 있었을 텐데. 어떻게든 만회할 수 없을까? 보고 싶어.

— 에바로부터

위의 짧은 편지에서 주목해야 할 것은 에바가 해명이나 변명을 하지 않았다는 점입니다. 에바는 갑자기 약속을 취소할 수밖에 없었던 이유가 있었을 테고 해명하고 싶었을 것입니다. 하지만 에바는 그런 해명이 상대가 마음을 여는 과정을 크게 방해할 수 있다는 사실을 알고 있었기에 말을 꺼내지 않았습니다.

상대의 부정적인 감정에 대한
마음의 준비를 하세요

+

상대가 당신에게 무엇이 문제인지 분명하게 이야기하지 않은 채 연락을 피하고 있다면, 어쩌면 그 이유가 당신에게 상처를 주지 않기 위해서일 수도 있습니다. 즉 상대는 당신으로 인해 몹시 화가 나 있지만 그런 이야기를 한다면 당신이 너무 큰 상처를 받을 것이라 생각해서 대신 거리두기를 선택한 것입니다.

이런 경우에 당신은 상처를 받는 한이 있어도 진실을 듣고 싶은지 생각해봐야 합니다. 만일 그렇다면 당신의 생각을 알려주어야 합니다. 가령 당신은 "네가 나에 대해 어떻게 생각하는지 정말로 듣고 싶어. 내가 다칠까 봐 걱정할 필요는 없어. 설사 네 말을 듣고 상처받더라도 아무것도 모른 채 최악을 상상하느니 차라리 진실을 듣고 싶어"라고 말할 수 있습니다.

상대에게 당신에 대한 부정적 평가와 비난이 담긴 이야기를 들려달라고 요청할 때에는 마음의 준비를 충분히 해야 합니다. 상대가 당신에게 보내는 편지를 써봄으로써 미리 연습해볼 수도 있습니다. 편지에는 당신이 상상할 수 있는 최악의 내용을 담는 것이 좋습니다. 편지를 읽으면서 해명하거나 자기 자신을 방어하고 싶은 욕구가 올라온다면 이를 억누르는 것도 연습해야 합니다. 당신은 이야기를 다 들은 뒤 상대가 화낼 수밖에 없는 이유를 인정해주고, 더 나아가서 "네가 이렇게 괴로웠던 일을 털어놓고 기분이 홀가분해졌으면 좋겠어"라고 말할 수 있어야 합니다. 그래야 당신도 상대도 대화를 통해 마음을 치유할 수 있습니다.

거리를 두며 연락을 받지 않는 딸에게 용기 내어 다가가려는 어머니의 사례를 들어볼까요. 이 어머니는 딸이 자신에게 보내는 부정적 감정이 담긴 편지를 써볼 수 있습니다. 가령 "엄마, 내 어린 시절은 괴로웠어요. 엄마는 언제나 엄마 자신과 이웃들만 생각하고 제게는 신경을 써주지 않았죠"와 같은 내용으로 말입니다.

이 어머니는 아마도 마음의 준비를 단단히 하고 딸이 꺼내놓을 최악의 시나리오를 상상하며 편지를 썼을 것입니다. 그럼에도 편지를 읽으며 화가 치밀어 오르고 부당하다고 느꼈을 것입니다. 어머니는 몇 번이고 편지를 읽으며 딸의 부정적인 감정을 마주했을 때 마음이 흔들리지 않도록 수차례 연습했습니다. 이 어머니에게는 딸에게 연락해 다시 대화를 나누고 친밀감을 회복하고 싶다는 목표가 있었기 때문에 가능한 일이었습니다.

당신이 상대의 부정적인 감정을 제대로 들을 수 있을지 확신이 서지 않는다면 먼저 제삼자와 그 이야기를 나눠볼 것을 권합니다. 만일 당신이 마음으로부터 단단하게 준비가 되어 있지 않다면 그 이야기를 듣는 당신의 표정과 몸짓, 말투와 행간에서 불편한 기색이 느껴질 것입니다. 제삼자는 객관적인 입장에서 당신이 자신도 모르게 내보내는 작은 신호들을 감지해 당신에게 알려줄 수 있습니다. 마음의 준비는 모자란 것보다는 지나친 편이 낫습니다. 연락을 시도했다가 실패하면 다음 기회를 얻을 때까지 아주 오랜 시간이 걸릴 수도 있기 때문입니다.

당신이 부정적인 감정을
받아들일 수 있음을 표현해주세요

+

만약 당신이 상냥하고 다정한 사람이라면, 그리고 좋은 부모, 친구, 배우자가 되기 위해 열심히 노력하는 사람이라면 한 가지 더 주의를 기울여야 할 점이 있습니다. 당신의 그러한 긍정적인 측면이 오히려 상대로 하여금 마음에 담아둔 나쁜 감정에 대한 이야기를 꺼내는 것이 더 어렵게 느껴지도록 만들 수 있기 때문입니다.

친절하게 웃고 있는 다정한 사람에게 부정적인 이야기를 하는 것은 쉬운 일이 아닙니다. 그런 경우 십중팔구는 자신이 나쁜 사람이라고 느껴져 기분이 좋지 않을 것이기 때문입니다. 그래서 속내를 털어놓으며 죄책감에 시달리느니 차라리 거리를 두는 것이 좋겠다고 마음먹게 되는 것이지요.

만일 당신이 이런 경우, 즉 상대에게 나쁜 사람이라는 기분이 들게 만드는 사람이라면, 상대에게 자신이 부정적인 감정을 잘 받아들일 수 있다는 점을 분명하게 전달하는 것이 좋습니다. 한 가지 방법은 상대가 화를 내거나 좌절과 슬픔을 느끼는 것이 당연하다는 점을 인정하면서, 자신이 생각하는 것보다 좀 더 수위가 높은 표현을 스스로에게 사용하는 것입니다. 가령 '까다롭다'라고 하는 대신 '지독하다'라고 하고, '미워한다'라고 하는 대신 '증오한다'라고 표현할 수 있을 것입니다.

다음의 사례들은 그러한 표현법을 잘 보여줍니다.

사례 1

어머니 때때로 엄마가 지독했다는 거 알아.

아들 지독한지는 모르겠고 상당히 짜증이 날 때는 있어요.

어머니 그렇겠지. 좀 더 자세히 얘기해줄 수 있겠니?

만약 어머니가 '가끔은 엄마가 좀 짜증스러울 때도 있겠지'와 같이 덜 과격한 표현을 사용했다면 아들이 '상당히 짜증이 날 때'라고 말하는 것이 쉽지 않았을 것입니다.

사례 2

아버지 자식이 부모를 사랑하는 동시에 미워하는 건 자연스러운 일이지. 설혹 네가 날 증오한다고 해도 이해할 수 있단다.

아들 아버지를 미워한 적은 없지만 확실히 요즘 무척 화가 나 있긴 해요.

아버지 네가 얼마나 화가 났는지, 네 기분이 어떤지 더 얘기해보렴.

만약 아버지가 과감하게 '증오한다'라는 단어를 쓰지 않았더라면 아마도 아들은 용감하고 솔직하게 '무척 화가 나 있긴 해요'라고 표현하기 어려웠을 것입니다.

사례 3

남편   때때로 당신이 나를 세상에서 가장 멍청한 인간이라고 생각하는 거 알아.

아내   조금 답답한 면이 있긴 하지만, 세상에서 가장 멍청하진 않아. (웃음).

남편은 아내가 왜 답답해하고 대화를 꺼리는지에 대해 짐작하며 자신에 대해 '멍청하다'라는 다소 과격한 표현을 사용했습니다. 자신의 답답함을 어떻게 표현해야 할지 알 수 없었던 아내는 남편의 말을 듣고 비로소 자신의 감정을 이야기할 여지가 생겼다는 느낌을 받았습니다. 이후에 이어지는 대화에서는 좀 더 솔직한 감정을 나누며 상대를 이해하고, 친밀감을 높임으로써 한층 더 거리를 좁힐 수 있을 것입니다.

어떤 경우에나 당신의 감정을
표현할 수 있는 것은 아닙니다

+

상대가 속내를 털어놓고 나면 아마 당신도 자신의 속마음을 꺼내놓고 싶을 것입니다. 바람직한 경우라면 상대 역시 당신의 이야기에 귀를 기울일 준비가 되어 있겠지만, 상대가 어떠한 사람이냐에 따라 반드시 그러리라는 보장은 없습니다. 만일 상대가 당신의 이야기를 들을 준비가 충분히 되어 있는지 확신하기 어렵다면 당신은 솔직한 감정을 드러내기 전에 좀 더 신중한 선택을 하는 것이 좋습니다. 가령 상대가 충분히 마음을 열어 당신과의 관계가 안정적인 상태에 이를 때까지 부정적 감정에 대한 이야기 대신 즐거운 일을 함께하며 시간을 보내는 것도 좋은 선택이 될 수 있습니다.

어쩌면 당신은 끝내 상대에게 자신의 상처 입은 감정에 대해 이야기할 수 없을지도 모릅니다. 어떤 사람은 자신에게 문제가 있다는 것을 알아도 그것을 좀처럼 인정하기 어려워합니다. 대부분 어린 시절의 어떤 상처로 인해서 강력한 방어기제가 작동하는 경우이지요. 그래서 당신이 상대로 인해 힘들었다고 이야기하는 순간 자신을 비난하는 것으로 받아들여 화를 내고 싸우려고 듭니다.

심지어 어떤 사람은 부정적인 맥락에서 자신이 언급되는 것조차 견디지 못합니다. 저의 상담실에 찾아왔던 내담자인 엠마의 사례를 들어볼까요. 엠마에게는 절친이 한 명 있는데, 이 친구는 평소에 엠마가 힘들었던 이야기를 하면 귀 기울여 잘 들어주었는데, 만일 그 힘들었던 이야기에 자신이 언급되면 참지 못하고 화를 냈다고 합니다. 그래서 엠마는 절친인 그 친구에게 가장 털어놓고 싶은 부정적 감정에 대해 이야기할 수 없다는 점 때문에 힘들어했습니다.

어쩌면 엠마의 친구는 공감 능력이 부족해서 상대의 이야기를 무조건 비난으로 받아들이고 있는지도 모릅니다. 또 어쩌면 어린 시절에 형성된 부정적 감정이 해결되지 않은 채 남아 있고, 이것이 트라우마가 되어 자신에 대한 부정적 언급을 아주 사소한 것이라도 참을 수 없게 된 것일지도 모릅니다. 이런 경우 엠마는 어떻게든 친구를 설득해서 자신의 부정적인 이야기를 화내지 않고 들어야 한다고 말해서는 안 됩니다. 그저 함께 즐거운 시간을 보내면서 친밀감을 더욱 돈독하게 쌓아가야 합니다. 나중에라도 친구가 어린 시절의 트라우마를 치료할 수 있다면, 그때 엠마는 자신이 하고 싶은 이야기를 속 시원히 할 수 있게 될 것입니다.

여기에서 한 가지 짚고 넘어가야 할 점은 상대에게 마음을 털어놓지 않기로 선택하기 전에, 당신의 의사소통 방식에 상대의 마음을 닫아버리게 만들 만한 요소가 없는지 살펴보아야 한다는 것입니다.

당신의 말투나 표정에 상대를 비난하는 듯한 기색이 담겨 있지는 않은지 점검해보십시오. 당신이 아무리 신중하게 고른 점잖은 표현으로 평정심을 유지하며 말하려고 애쓴다 해도, 만일 진짜 속마음은 상대가 잘못을 했고 그것에 대해 사과를 받아야 한다고 생각하고 있다면, 그러한 당신의 속마음이 몸짓이나 얼굴 표정, 말투에서 고스란히 드러날 수 있습니다. 당신과 마주하고 있는 상대가 이러한 신호를 알아차리지 못할 거라 여겼다간 큰코다칠 수 있습니다.

자신의 의사소통 방식에 어떤 문제가 있는지 알려면 제삼자에게 객관적인 관찰자의 역할을 청하거나, 혹은 대화 내용을 녹음했다가 직접 들어보는 것도 방법입니다. 나중에 녹음한 내용을 주의 깊게 들어보면 자신의 의사소통에 어떤 점이 부적절한지 확인할 수 있을 것입니다.

당신은 방어적인 태도를 취하거나 화를 내지 않으면서 상대의 부정적인 이야기에 귀 기울일 수 있습니까? 만약 그렇지 않다면 상대에게 연락하기 전에 부정적인 이야기를 들었을 때 계속해서 유연하고 열린 마음을 유지할 수 있도록 연습해두는 것이 바람직합니다. 만일 혼자 연습하는 것이 어색하거나 잘되지 않는다면 주변의 친구나 전문가의 도움을 받을 수도 있습니다.

1. 상대가 부정적인 감정을 털어놓을 수 있도록 도와주는 표현법을
   연습해봅니다. 116쪽의 예시를 참조해 (당신이 문제를 풀고 싶은)
   그 사람에게 어떤 말을 하면 좋을지 적어봅니다.

_____

_____

_____

_____

_____

_____

_____

_____

_____

_____

_____

_____

_____

_____

2. 상대가 분노의 감정을 담아 당신에게 보내는 편지를 써봅니다. 상
   대를 떠올리며 편지를 쓰고, 다 쓰고 난 다음에는 편지를 소리내어
   읽으며 스스로 어떤 기분이 드는지 세심히 살펴봅니다.

3장　　문제해결

어떻게 숨은 문제를 해결할 것인가

다른 사람이 우리를 화나게 하는 이유를 살펴보면

우리 자신을 이해할 수 있다.

—카를 구스타프 융(Carl Gustav Jung)

8 상대를 도움으로써 내 상처에서 벗어나기

우리는 단순히 누군가를 곁에 둠으로써 기쁨을 얻기도 합니다. 인생에서 가장 큰 기쁨은 사랑받는 것이 아니라 누군가를 사랑하고 나를 필요로 하는 사람 곁에 있어 주는 것이니까요. 바로 그렇기 때문에 받는 것보다 주는 것이 많은 사람이라 하더라도 관계를 유지하고 싶을 수 있습니다. 어쩌면 두 사람의 관계에 특별한 의미를 부여하게 된 역사가 있었을 테고, 또 어쩌면 관계의 불균형을 기꺼이 받아들일 만큼 상대로부터 큰 감동을 받았던 적이 있을지도 모릅니다.

우리는 각자 자신의 삶을 더욱 안정되고 풍요롭게 발전시키기 위해 어떤 형태의 관계가 필요한지 잘 선택해야 합니다. 만일 당신이 더 많이 주고 더 많이 보살펴야 하는 어떤 관계를 유지하고 싶다면, 다른 한편으로 당신은 다른 사람들에게 더 많은 지지와 보살핌을 받을 수 있어야 합니다. 그렇지 않으면 당신이 계속해서 더 많이 줘야 하는 관계는, 비록 당신이 그 관계를 무척이나 소중하게 생각한다 해도 오래 지속되기 어렵기 때문입니다.

상대가 당신을 도울 수 있도록
당신이 먼저 상대를 도와주세요

+

공감 능력이 부족한 사람들은 친구나 가족이 무엇을 필요로 하는지 눈치채고 이해하는 데에 어려움을 겪습니다. 그들은 아마도 당신이 무엇을 하고 싶다는 신호를 보냈을 때 전혀 알아차리지 못하거나 별로 중요하게 생각하지 않았을 것입니다. 이런 사람들은 대개 남에게 해줄 것이 많지 않은 사람일 가능성이 높습니다.

그럼에도 당신에게는 그런 사람과 관계를 유지할 이유가 있을 것입니다. 특히 가족 관계라면 더욱 그렇겠지요. 상대가 당신에게 해줄 것이 없다는 사실을 인식하고 그 사람이 해줄 수 없는 것을 얻으려고 애쓰지 않는다면, 두 사람의 관계는 여전히 서로에게 도움이 될 수 있습니다.

당신이 상대에게 도움을 요청하는 이야기를 꺼냈는데도 당신의 바람과 달리 상대가 그다지 도와주려는 의지를 보여주지 않아 결국 좌절하고 혼란스러웠던 적도 있을 것입니다. 당신은 아마도 상대에게 당신이 원하는 바를 더욱 구체적으로 설명할 필

요가 있을지도 모릅니다.

다음 세 가지 사례에서 볼 수 있듯이, 당신이 아무리 상대를 도우려는 마음을 가지고 있다 해도 구체적인 표현에서 적절한 방법을 찾지 못하면 결국 상대를 도울 수가 없습니다. 그 반대도 마찬가지입니다. 당신이 진심을 담아서 간절하게 요청한다 해도 상대는 당신의 말에 담긴 뜻을 잘 이해하지 못하거나 오해할 수 있습니다. 그렇기 때문에 상대가 당신을 도울 수 있도록 먼저 당신이 상대를 도와야 합니다.

사례 1 — 한네의 딸

한네의 성인이 된 딸은 한네에게 화가 나 있고 어린 시절과 관련한 불만이 아주 많다. 한네는 자신이 엄마로서 미숙했으며, 딸에게 안 좋은 영향을 미칠 만한 잘못된 대처를 자주 했었다는 점을 잘 알고 있었다. 그중에서도 한네가 무척 슬프고 부끄럽게 생각하는 일화가 두 번 있었다. 한네는 딸에게 사과하고 자기가 어리석었다고 말했다. 그러나 딸은 화를 풀지 않았고 한네는 죄책감과 양심의 가책에 시달렸다. 모녀는 이따금씩 만나서 함께 시간을 보내곤 했지만 한네는 딸의 눈빛에서 느껴지는 차가운 거리감에 힘들어했다. 딸에게 이를 이야기하려 해도 대화는 늘 짧게 끝났다. 딸은 확실히 그 문제를 언급하고 싶어 하지 않아 했다.

사례 2 — 울릭의 어머니

울릭의 어머니는 울릭을 키우는 동안 알코올 중독 상태였다. 어머니는 아들에게 해줄 수 있는 게 많지 않았지만, 울릭은 어머니와 함께 보냈던 소중한 순간들을 기억하고, 계속해서 어머니와 다시 가까워지기를 애타게 바랐다. 하지만 울릭이 먼저 다가가려는 시도는 항상 실패로 끝났다. 울릭이 어렸을 때 이야기만 하면 어머니는 핑계를 대면서 변명하기 시작했고, 어머니의 말을 끊을 수 없었다. 결국 울릭은 어머니에게 하고 싶은 말을 꺼낼 수조차 없었다. 어머니는 자기 자신 외에 다른 사람의 말은 들으려 하지 않았고, 얼굴을 보고 싶어 하지도 않았다.

사실 울릭의 어머니는 자신이 감당할 수 없는 양심의 가책을 느끼고 있었기 때문에 변명을 늘어놓음으로써 도망치고 싶어 했다. 울릭이 어렸을 때도 마찬가지였다. 한 번은 10대 초반이었던 울릭이 어머니에게 술을 끊으라고 설득하려 했다. 만취 상태였던 어머니는 울릭이 까다로운 아이라서 자기가 술을 마신다며 울릭을 비난했다. 어머니는 딱 한 번 언급했을 뿐이지만 그 말은 울릭의 온몸에 새겨져서 열등의식을 부추겼다. 어른이 된 울릭은 심리 치료를 받으면서 이 상처를 지우려고 애썼지만 아직도 조금은 남아 있는 상태이다.

사례 3 — 메테의 아들

메테의 아들은 메테를 만나려고 하지 않는다. 아들이 10대 후반일 때 서로 싸우고 나서 아들이 연락을 완전히 끊었다. 처음에 메테는 이런 아들의 행동을 사춘기의 전형으로 여기면서 언젠가는 생각을 고쳐먹고 다시 돌아올 것이라고 생각했다. 하지만 점점 신경이 쓰였다. 메테는 여러 가지 방법으로 아들과 대화를 나눠보려고 했지만 매번 허탕칠 뿐이었다. 이제 아들과 이야기를 해본 지 몇 년이나 지난 상태이고, 아들이 자신을 다시 엄마로 받아줄 수 있으리라는 기대는 더 이상 하지 않게 되었다.

당신이 상대에게 듣고 싶은 말을
들려달라고 하세요

+

한네, 울릭, 메테의 사연은 모두 부모와 자녀 관계의 이야기입니다. 저는 이들에게 이 책의 처음 부분에서 설명했던 '편지 쓰기'에 대한 조언을 해주었습니다. 저는 세 사람 모두 상대에게 보내는 편지와 상대가 자신에게 보내는 편지를 써보며, 대화를 나누기 전에 좀 더 철저하게 준비하고 대응할 필요가 있다고 판단했습니다.

편지를 쓸 때 중요한 것은 상대에게 듣고 싶은 말, 마음의 평화를 얻을 수 있는 말 한마디를 생각해내는 것입니다. 그런 다음에는 대화를 나누기에 분위기가 편안하고 안정된 장소와 시간을 잘 골라야 합니다. 대화를 나눌 때는 상대가 죄책감이나 분노를 느낄 만한 표현 대신 자신의 솔직한 감정을 표현하도록 마음을 열 수 있는 말을 건네야 합니다.

그러면 이제 한네, 울릭, 메테 세 사람이 각각 어떤 말을 찾았고, 그 말을 듣기 위한 노력이 어떤 결과를 이끌어냈는지 살펴보겠습니다.

한네가 듣고 싶은 말 — 난 엄마가 최선을 다했다고 생각해요

첫 번째 사례의 한네는 딸에게 듣고 싶은 말로 "엄마, 난 엄마가 최선을 다했다고 생각해요"를 떠올렸습니다. 두 차례 실패한 끝에 한네는 다음과 같은 표현으로 대화를 시작하는 데 성공했습니다.

"소피, 네가 어릴 때 엄마가 잘못한 일이 많았지만 지금 네가 내 행복을 바란다는 건 알고 있어. 네가 엄마의 행복을 위해 해줄 수 있는 일이 있어. 엄마가 최선을 다했다고 생각한다고 말해준다면 엄마 기분이 나아질 것 같구나."

처음에 소피는 아무런 대답도 하지 않았지만 며칠 뒤에 한네가 바라던 대답을 해주었습니다. 비록 직접적인 표현은 아니었고 눈도 바라보지 않은 상태였지만, 한네는 소피의 말투에서 그녀가 감격해서 진심으로 말했다는 사실을 알 수 있었습니다. 한네는 아무도 안 보는 곳으로 가서 안도감에 눈물을 흘렸고, 정말로 속이 후련해진 것을 느낄 수 있었습니다.

울릭이 듣고 싶은 말 — 넌 까다로운 아이가 아니었어

울릭은 어머니에게 듣고 싶은 말로 "울릭, 넌 까다로운 아이가 아니었어. 잘 도와주는 아이였어"를 떠올렸습니다. 울릭은 어떤 일이 있어도 어머니가 다시 죄책감에 사로잡히지 않도록 해야겠다고 생각했습니다. 그리고 다음과 같은 말을 건넴으로써 어머니와의 대화에 성공할 수 있었습니다.

"어머니, 제가 어렸을 때 제 품행이 불량하다고 불평한 사람이 있었나요?" 어머니는 망설임 없이 "아니."라고 답했습니다. 울릭은 말을 이어갔습니다. "예전에 어머니가 제게 까다로운 아이라고 하셨는데 그건 아마 말실수였겠죠." 여기에서 어머니가 목소리를 높이며 그런 말을 한 적이 없다고 부정하는 바람에 울릭의 시도가 실패로 돌아갈 뻔했습니다. 하지만 울릭은 평정심을 잘 유지하고 말을 이어갔습니다. "그러면 아마 제가 잘못 들었던 모양이네요." 어머니가 흥분을 가라앉혔을 때 울릭은 다시 시도했습니다. "어머니가 제가 잘 지내길 바라신다는 거 알아요." 어머니가 맞장구를 쳤습니다. "어머니가 제게 해주셨으면 하는 말이 있어요. 그 말을 해주시면 제 기분이 나아질 것 같아요." 어머니가 마음을 여는 듯 보였으므로 울릭은 듣고 싶은 말을 이야기했습니다. 어머니는 첫 부분을 말하면서 힘들어했지만 두 번째

부분은 거듭해서 이야기했습니다. "울릭, 넌 잘 도와주는 아이였어. 내가 똑똑히 기억하는데 넌 그런 아이였어. 잘 도와주는 아이였어."

울릭은 마치 오래된 정원에서 잡초를 뽑은 듯한 상쾌한 기분으로 대화를 마칠 수 있었습니다.

메테가 듣고 싶은 말 — 엄마, 저는 잘 지내요

메테는 아들인 라스무스가 일 년에 두어 차례 이메일로 자신이 어떻게 지내고 있는지 알려주는 정도가 현실적인 목표라는 결론을 내렸습니다. 메테는 아들이 지금 당장은 어머니인 자신과 한 공간에 있는 것조차 견디지 못하는 걸 알았지만, 그 정도 연락은 해주기를 바랐습니다. 아들이 그렇게만 해준다면 서로 만나지 않더라도 자신이 아들 인생에서 작은 부분은 차지하고 있다고 느낄 수 있을 것 같았습니다. 또한 다른 사람들이 아들에 대해 물어봤을 때 대답할 말도 있을 테니, 자식과 연락을 끊고 지낸다는 가슴 아프고 부끄러운 사실을 인정하지 않아도 되리라 생각했습니다.

라스무스는 기꺼이 어머니의 부탁을 들어줬습니다. 라스무스가 보내는 이메일에는 일상에 대한 무미건조한 사실들만 나열하고 있을 뿐 감정은 거의 담겨 있지 않았습니다. 메테는 그런 이메일이라도 보내주는 것이 아무런 연락도 없는 것보다는 훨씬 낫다고 생각했습니다.

상대에게 어떤 말을 들었을 때 내 마음이 조금이라도 편안해지고 괜찮아질지는 자기 자신이 가장 잘 알 수 있습니다. 물론 상대가 먼저 그런 말을 해주면 좋겠지만, 어떤 관계에서는 그런 기대를 하기가 어려울 수도 있습니다. 그렇다 해도 아무런 소통도 하지 않는 것보다는 이처럼 자기가 듣고 싶은 말을 상대가 말할 수 있도록 도와주는 것이 좋습니다. 혹은 이메일로 안부를 전해 달라는 것과 같이, 상대가 받아들일 수 있는 구체적이고 명확한 제안을 하는 것도 방법이 될 수 있습니다.

문제의 해결은
문제가 만들어진 곳에서 시작해야 합니다

+

우리는 누구나 가족, 친구와 좋은 관계를 유지하며 잘 지내길 바랍니다. 그러나 그런 마음으로는 부족한 경우가 많습니다. 관계를 회복하거나 개선하기 위해서는 대화가 필요한데, 어떤 사람은 적절한 대화를 나누기 위해 다른 사람의 도움을 받아야만 하는 경우가 있습니다. 만일 당신이 관계를 회복하고자 하는 사람이 이런 경우라면, 당신은 좀 더 신중하게 준비해서 그 사람을 도와야 합니다. 상대가 마음을 열 수 있도록, 당신이 듣고 싶

관계를 회복하기 위해서는 대화가 필요합니다.

상대방이 속마음을 터놓지 못하는 사람이라면

당신이 그 사람을 도와주세요

상대가 마음을 열 수 있도록,

당신이 듣고 싶은 말을 들려줄 수 있도록 말입니다.

은 말을 들려줄 수 있도록, 무엇보다 상대가 죄책감이나 수치심을 느끼지 않고 말을 이어갈 수 있도록 도와주어야 합니다. 그렇게 하지 않으면 상대는 자기를 방어하기 위한 변명을 길게 늘어놓느라 당신과 다시 연결될 소중한 기회를 날려버릴 수도 있습니다.

당신에게 상처를 받았거나 혹은 다른 이유로 당신과 거리를 두고 있는 사람이 원래는 매우 친밀한 관계에 있었던 사람이라면 당신 역시 큰 상처를 받고 있을 것입니다. 당신이 상대를 먼저 도와줘야 하는 이유는 그래야 당신도 상대로부터 듣고 싶었던 말을 듣고 상처에서 회복될 수 있기 때문입니다.

물론 당신은 상대로부터 듣고 싶은 말을 듣지 못하더라도, 어떻게 지내는지 안부조차 알 수 없더라도, 그럭저럭 살아갈 수는 있을 것입니다. 어쩌면 다른 사람이 그 사람의 역할을 대신 해주고 있어서 위안을 받고 있을지도 모릅니다. 혹은 심리치료사에게 도움을 얻을 수도 있겠지요. 하지만 가능하다면 당신의 마음을 힘들게 하고 신경 쓰이게 하는 바로 그 사람과 직접 대화하고 듣고 싶은 말을 듣는 것, 이것이야말로 당신이 상처로부터 회복될 수 있는 가장 좋은 방법입니다. 달리 말하면, 관계의 문제를 해결하기 위한 열쇠는 문제가 만들어진 바로 그곳에서 찾아야 합니다.

어쩌면 당신이 상대를 도와주고 싶어도 그런 여건조차 마련되기 어려운 상황이 있을 수 있습니다. 그렇다 하더라도 너무 조바심을 내지 말고 기다려보는 것은 어떨까요. 당신과 그 상대를 비롯해서 사람은 누구나 나이가 들어갈수록 더 온화해지고 융통성이 생기기 마련이니까요. 그렇게 되면 당신이 비집고 들어갈 수 있는 틈도 더 많이 생길 것입니다.

1. 당신이 상대에게 구체적으로 바라는 것이 무엇인지 생각해봅니다.
    두 사람의 관계가 어떤 식으로 개선되기를 바라는지 생각해보고
    적어봅니다.

    _____

    _____

    _____

    _____

    _____

    _____

    _____

    _____

    _____

    _____

    _____

    _____

    _____

2. 당신이 상대에게 꼭 듣고 싶은 말이 있는지, 어떤 말을 들으면 마음이 편안해질 수 있을지 생각해봅니다. 그리고 상대가 당신에게 보내는 편지에 그 말을 써봅니다.

3. 상대와 만나서 당신이 듣고 싶은 말을 해달라고 요청하기 전에, 당신이 어떤 표현으로 상대의 마음을 열 수 있을지 생각해보고 그것을 다음에 적어봅니다.

9 상대가 멀어진 숨은 이유 찾아내기

만일 상대가 당신으로부터 거리를 두고 있거나 연락을 끊은 채 숨어버렸는데 그에 대한 솔직한 이유나 설명을 듣지 못했다면 당신은 혼자 남겨진 것에 훨씬 더 큰 괴로움을 느낄 것입니다. 아마도 당신은 그 사람이 어떤 일로 화가 났다고 생각할 것입니다. 우리는 누군가로부터 거부당했다고 느낄 때 가장 먼저 '분노'를 그 이유로 떠올립니다. 사실 분노는 우리가 누군가와 멀어지거나, 누군가와의 관계를 망쳐버리는 가장 흔한 이유이기는 합니다. 하지만 다른 이유가 있을 수도 있습니다. 더구나 그 이유는 당신과 아무런 관계가 없는 것일 수도 있습니다.

요즘은 친한 친구라도 평생 그 관계를 유지하는 경우가 흔하지 않습니다. 가족이라 하더라도 늘 가깝게 지내는 사람도 많지 않습니다. 우리는 집과 직장을 이리저리 옮겨 다니고, 긴 여행을 떠나기도 하며, 몸이 아파서 오랫동안 칩거하기도 합니다. 우리 삶은 계속해서 크고 작은 여러 변화를 겪으며 흘러갑니다. 이러한 삶의 흐름에 따라 관계도 변화를 거듭하며 부침을 겪습니다. 말하자면, 반드시 당신에게 어떤 커다란 문제가 있어서 상대가 멀어지거나 관계가 틀어진 것은 아닐 수도 있다는 의미입니다.

상대가 당신에게 다시 연락하고자 하는 의지가 크지 않다면, 당신에게서 멀어진 솔직한 이유를 말하기는 쉽지 않을 것입니다. 어쩌면 그 이유를 자기 스스로 부끄럽게 여기기 때문에 말하지 못하는 것일 수도 있습니다. 이런 경우라면 당신이 그 이유를 추측해서 상대에게 터놓고 말하도록 도울 수 있습니다. 상대로부터 연락을 끊은 솔직한 이유를 듣는다면, 설사 다시 혼자 남겨진다 하더라도 당신은 이전보다 훨씬 덜 괴로울 수 있을 것입니다.

어떤 사람은 관계가 지나치게 가까워졌다고 느끼거나, 혹은 자신이 생각하는 어떤 경계를 넘었다고 판단하면 연락을 끊고 숨어버리기도 합니다. 이에 관해서는 다음 절에서 다루고자 합니다.

상대가 솔직하게 말하지 못하는
당신으로부터 멀어지는 네 가지 이유

+

상대가 당신과 거리를 두거나 연락하지 않으면서도 그 이유에 대해 분명하게 말하지 못한다면, 대개는 상대가 그 이유를 부끄럽게 여기고 있을 가능성이 큽니다. 아마도 상대 역시 그 이유를 말하고 싶어도 어떻게 말해야 할지 몰라 어려움을 겪고 있을 것입니다. 아래 제시한 네 가지 이유가 바로 그런 경우에 해당됩니다. 이 네 가지 이유를 참조해서 당신이 그 이유를 추측할 수 있다면 상대가 속마음을 털어놓도록 돕는 것도 가능합니다.

각각의 이유에 대해 세부적으로 살펴보겠습니다.

첫 번째 이유 — 그 사람이 변했고 새로운 친구가 생겼다

꼭 상대에게 부정적인 감정이 생기지 않더라도 자연스럽게 관계가 멀어지는 경우도 있습니다. 앞에서 우리 삶은 많은 변화를 겪으며 흘러간다고 했는데, 마찬가지로 어떤 사람은 계속해서 삶의 우선순위가 변하고 주요 관심사도 이렇게 저렇게 바뀝니다. 따라서 한때 당신과 가까웠던 그 사람에게 새로운 관심사가 생겨서 지금 현재 공통점이 많은 새로운 친구를 사귀었을 가능성이 있습니다. 상대만큼 변하지 않았고 관계가 예전처럼 계속되길 진심으로 바라는 당신에게 이는 이해하기 어려운 일일 것입니다.

아마도 상대의 속마음은 이런 것일지 모릅니다. "난 변했어. 우리가 함께 보낸 시간은 답답하고 지루했어. 너는 내가 어떤 사람이 됐는지 이해하지 못하고 나는 이제 다른 걸 원해." 하지만 이렇게 말하면 자신이 거만하게 보일까 봐 부끄럽고 두려운 마음에 당신에게 솔직하게 털어놓기 어려울 것입니다.

두 번째 이유 — 당신보다 우선순위가 높은 새로운 사람이 생겼다

우리는 대부분 누구와 시간을 보내고 싶은지 깐깐하게 우선순위를 매겨야 할 만큼 바쁘게 살아가고 있습니다. 그렇기 때문에 새롭게 자주 보아야 할 중요한 사람이 생겼다면 다른 어떤 사람은 만날 시간을 내기 어렵게 됩니다. 때로는 그저 새로운 친구가 오래되고 친숙한 친구보다 더 흥미진진하다는 이유가 전부인 경우도 있습니다.

세 번째 이유 — 그 사람은 관계에서 즐거움을 얻는 쪽이 당신이라고 생각한다

어쩌면 두 사람 관계에서 얻는 게 많은 쪽이 당신일 수 있습니다. 예를 들어 상대가 자신은 이야기를 잘 들어주고 유식하며 재미있는 사람인 반면에, 당신은 그에 못 미치는 사람이라고 생각할 수 있습니다. 그 밖의 어떤 방식으로든 두 사람의 관계에서 저울의 눈금이 상대 쪽으로 더 기울어져 있을 수 있겠지요.

만약 관계의 균형이 깨져 있고 상대가 둘 사이의 균형을 문제로 여기고 있다는 사실을 발견한다면, 당신은 그 사람에게 먼저 연락하지 않기로 선택할 수 있습니다. 그렇게 되면 두 사람의 관계는 차츰 더 멀어질 것이고, 당신은 슬프겠지만 그렇다고 괴롭지는 않을 것입니다. 만일 관계를 이어가기 위해 당신이 엄청난 노력을 기울여야 하고, 그럼에도 상대가 당신의 노력에 고마워하는 기색이 없다면 당신은 그 관계를 떠나보내야 합니다. 그래야 균형이 맞는 새로운 관계를 찾을 여지가 만들어지고, 이것이 당신이 자기 자신을 존중하는 방법이기 때문입니다.

당신은 다른 선택을 할 수도 있습니다. 만약 상대가 당신에게 '대단히' 소중한 친구라면 그 사람에게 더욱 매력 있는 사람이 되고자 노력할 수 있습니다. 예를 들어 그 사람의 주요 관심사를 파악하고 그가 흥미를 보이는 대상에 더 많은 주의를 기울일 수 있습니다. 그것이 게임이든 스포츠이든 혹은 독서이든 간에, 지금은 그 대상이 당신의 흥미를 끌지 못할 수 있지만, 일단 어떤 대상에 대해 많이 알면 알수록 더욱 흥미를 느끼게 마련입니다.

당신이 흥미를 느끼게 되면 그 대상에 대해 더 많이 공부하고 더 많은 이야기를 나누고자 할 것이고, 이렇게 되면 상대도 분명 당신과 함께 그것을 즐길 수 있게 될 것입니다. 설령 당신이 끝내 그 대상에 흥미를 갖는 일에 실패한다고 하더라도, 적어도 상대가 그 대상에 관심을 갖는 이유에 대해 물어볼 수는 있을 것입니다. 상대는 아마도 당신이 그 관심사에 대해 물어봐주는 것을 좋아할 것이고, 그것만으로도 의미는 있습니다.

그 밖에도 당신이 좀 더 매력적으로 보이도록 하는 방법에는 여러 가지가 있습니다. 예를 들어 점심식사를 만들어주겠다고 제안할 수도 있고, 나들이 갈 때 타고 갈 차를 제공할 수도 있습니다. 상대의 아이를 대신 돌봐주거나, 혹은 다른 방법으로 도움을 줄 수도 있습니다.

만일 상대가 두 사람의 관계가 불평등하다고 생각하고 있더라도, 그것 때문에 당신과 멀어지고 싶어 한다고 하더라도, 그것을 당신에게 솔직히 털어놓기는 쉽지 않을 것입니다. 당신이 비난으로 받아들일까 염려할 수도 있고, 자신이 이기적이라는 죄책감을 가질 수도 있습니다. 그렇다면 당신이 먼저 그 부분을 인정해주는 것이 방법이 될 수 있습니다. 예를 들어 "너와 어울리고 싶어 하는 재미있는 사람들이 많이 있는데도 나와 시간을 보내줘서 기뻐"라고 말할 수 있습니다.

매력 있는 사람들은 대개 자존감이 높고, 흥미로운 일을 잘 찾아내며, 이야기를 잘 들어주거나 유머 감각이 뛰어난 편입니다. 이 중에서 타고나는 특성은 없습니다. 모두 스스로 노력해서 얻어야 하는 매력입니다. 남의 이야기를 잘 들어주지 못한다면 '경청하는 법'을 배우는 것도 유익한 투자가 될 수 있습니다. 만일 다른 사람에게 당신의 이야기가 지루하다는 평가를 자주 듣는다면 그 점을 바꾸려고 노력해보는 것은 어떨까요. 새로운 일에 도전하거나, 낯선 곳으로 여행을 가거나, 그 밖의 다른 새로운 관심사를 찾아서 몰두해보세요. 당신은 또한 유머와 자존감을 다루는 수업을 들을 수도 있고, 필요하다면 심리치료사와 코칭 전문가에게 도움을 받을 수도 있습니다.

네 번째 이유 — 그 사람은 당신을 질투하고 있다

당신이 인생에서 성공을 거두면 기존에 교제하던 사람들 중에서 더 이상 당신과 어울리고 싶어 하지 않는 사람이 나타날 수 있습니다.

남을 부러워하는 것은 사실 괴로운 일입니다. 질투는 곧 결핍을 인정하는 것이기 때문입니다. 당신이 직장생활이 잘 풀리지 않아서 괴로워하고 있다면 다른 사람이 일에서 거둔 성공 이야기를 듣는 것이 힘겨울 수 있습니다. 만약 살면서 당신이 사랑을 간절하게 열망했는데도 얻지 못했다면 가까운 친구가 행복하고 사랑이 넘치는 관계를 맺는 모습이 보기 힘들 수 있습니다.

다음에 소개하는 이브도 그런 경우입니다.

아내가 죽고 나서 처음 몇 달 동안 나는 행복한 커플과 도저히 함께 있을 수가 없었습니다.

정말 배려심이 많은 한 친구가 다른 커플들과 함께 시간을 보내자며 나를 초대했어요.

친구는 "기분이 내킬 때 그냥 잠깐 들러"라고 여러 차례 얘기했죠. 나는 한 번도 가지 않았어요.

그는 오래된 좋은 친구였고 나는 정말 미안한 기분이 들었죠. 하지만 도저히 그 자리에 갈 수 없었어요. 나는 나 자신이 긍정적으로 대응할 수 없다는 사실에 창피했습니다.

내 친구에게 여전히 아내가 있다는 사실에 내가 그저 기뻐할 수 있다
면 좋을 텐데요.   — 이브, 73세

　당신과 그 사람의 관계가 망가지던 즈음에 상대로 하여금 질
투심을 불러일으킬 만한 일이 있었는지 곰곰이 생각해보십시오.
가령 당신은 최근에 승진했는데 상대는 회사에서 해고를 당했다
거나, 당신은 꿈에 그리던 집을 샀는데 상대는 채무를 갚지 못해
곤란한 상황에 처했다면, 이는 상대가 관계 단절을 선택할 명백
한 원인이 될 수 있습니다.

　우리는 대개 누군가를 질투하더라도 그것이 나쁜 감정이라고
생각하기 때문에 이를 솔직하게 이야기하지 못하는 경우가 많습
니다. 만일 상대가 당신에 대한 질투심 때문에 멀어졌고, 부끄러
움 때문에 그 이유를 털어놓지 못하고 있다면 당신이 도와주어
야 합니다.

　가령 "네가 얼마나 취업을 하고 싶어 하는지 잘 알아. 그런데
내가 먼저 취직하게 됐으니 너는 그런 내 모습을 보기가 힘들었
을 거야"라고 말하며 상대의 감정을 이해하고 인정한다고 말해
주어야 합니다. 그리고 당분간 상대의 질투심을 자극할 만한 이
야기를 대화의 주제로 삼지 않아야 합니다. 두 사람이 만나서
무언가를 할 때는 취업과는 관련 없는 다른 일에 집중하는 것이
좋습니다. 여기서 한 단계 더 나아갈 수 있다면, 그때 상대가 취

업하는 데에 도움이 될 만한 방법을 이야기해주며 상대로 하여금 자신감을 갖도록 해주는 것이 필요합니다. 상대가 자신도 언젠가는 당신처럼 취업에 성공할 거라고 믿을수록 부러움과 질투심이 옅어지고, 당신에게서 멀어지고 싶은 마음도 줄어들 것입니다.

관계연습 9. 혼자 남겨졌다면

1. 상대가 먼저 연락을 끊거나 당신과 거리를 두려고 한 경우라면, 그 이유가 무엇일지 머릿속에 떠오르는 대로 아래에 적어봅니다. (본문 153~159쪽에 설명한 네 가지 이유를 참조하세요.)

_____

_____

_____

_____

_____

_____

_____

_____

_____

_____

_____

_____

_____

_____

_____

2. 상대가 당신과의 관계를 단절하기로 한 이유를 발견했다면, 그럼에도 당신이 먼저 연락을 하고 싶은지 생각해봅니다. 만일 먼저 연락을 하고 싶다면, 당신이 어떻게 말해야 상대가 그 이유를 솔직하게 털어놓을 수 있을지 아래에 적어봅니다.

_____

_____

_____

_____

_____

_____

_____

_____

_____

_____

_____

_____

_____

상대가 나와 다른 사람임을
인정하기

어떤 관계는 서로 거리가 너무 멀어서 문제지만, 너무 가까운 관계도 문제가 될 수 있습니다. 가령 서로 너무 가까운 나머지 두 사람이 모두 자기 욕구와 상대의 욕구를 명확하게 구별하지 못하는 상황이 될 수 있습니다. 나는 이런 관계를 가리키는 표현으로 '분리되지 않는다'는 의미에서 '융합confluent' 이라는 단어를 선호하지만, 같은 현상을 가리키는 '공생symbiotic' 이라는 단어도 때때로 사용합니다.

어떤 관계이든 두 사람은 서로 다른 의견을 가질 수 있고, 성격이나 생활방식에서 차이가 있을 수밖에 없습니다. 그런데 오랫동안 가까운 관계를 유지한 사이일수록 이러한 '차이'에 대해 표현하고 대화하는 것을 어려워하는 경우가 있습니다. 대부분 갈등이 일어나기를 원하지 않기 때문일 것입니다. 또한 지나치게 가까운 관계를 유지하고 있는 사람들은 무엇이 문제인지 스스로 잘 알지 못하는 경우가 많습니다. 무언가 지루하고 불만스러운

데 그 이유를 잘 모르겠다고 생각하는 것입니다.

스스로 원해서든 혹은 잘 몰라서이든 당신이 상대와의 '차이'에 대해 이야기하지 않고 무시하거나 회피해버린다면, 결국 어느 쪽이든 불만을 터트리게 되고, 그 관계는 서로에게 상처를 입히며 망가져 버릴 것입니다. 가령 부모와 자녀 사이에도 어느 정도의 거리는 필요합니다. 그렇지 않으면 결국 자녀가 '나 자신을 찾아야겠다'고 생각하며 부모로부터 멀어지고 싶어 할 수 있습니다.

너무 가까워 융합된 관계에서
나타날 수 있는 문제점

+

새로운 관계를 시작할 때는 서로 비슷한 점을 발견하고 상대가 자신을 알아봐줄 때 기쁨을 느끼곤 합니다. 어떤 사람들은 서로의 닮은 점만 유독 크고 중요하게 여기면서 서로의 차이점을 무시하고 자신의 의견이나 느낌을 솔직하게 표현하지 않는 경우도 있습니다. '분리'되는 것이 두려워 '융합'된 상태의 불편함을 어쩔 수 없이 감내하는 것입니다.

다음 젠스와 카리나의 이야기는 이러한 '융합적'인 관계의 형태를 잘 보여줍니다.

젠스와 카리나는 결혼한 지 몇 년 된 부부였다. 두 사람은 한 번도 싸운 적이 없었고 모든 일에 대개 의견이 일치했다. 예를 들어 그들은 정부가 마음에 안 든다고 생각했다. 사실 카리나는 젠스의 정치적 견해가 썩 타당하다고 보지 않았지만 부부 사이의 좋은 분위기를 망치고 싶지 않아서 그에게 아무 말도 하지 않았다. 또한 두 사람은 카리나의 동료가 불쾌한 사람이라는 데 의견이 일치했다. 젠스는 때때로 카리나의 동료가 사실은 최선을 다하고 있다고 생각했지만, 자기가 실은 그 동료를 괜찮은 사람이라고 느낀다는 사실을 카리나가 알게 됐을 때 그녀가 얼마나 상처받을지 생각만 해도 불안했다.

두 사람은 휴가를 갈 때 언제나 캠핑카로 다녔다. 젠스는 비행기를 좋아하지 않았다. 카리나는 사실 미국에 꼭 가보고 싶다는 생각을 밝히지 않았고, 젠스에게 자기도 딱히 비행기를 타고 싶은 마음은 없다고 말했다.

가족들은 "젠스와 카리나는 어떻게 생각하니?"라던가 "젠스와 카리나는 무엇을 원하니?"라는 말을 자주 했다. 다들 당연히 두 사람이 같은 생각을 하고 같은 것을 원한다고 생각했다. 가족 전체가 그런 생각에 익숙해졌다.

우리는 나와 같은 생각을 하고 비슷하게 느끼는 사람과 함께 있을 때 마음이 놓이고 편안함을 느끼곤 합니다. 하지만 이런 편안함에도 대가가 따를 수 있습니다. 편안한 상태가 깨어지는 것이 싫어서 두 사람은 서로에게 맞지 않는 부분을 억누르면서 살아가게 되는 것이지요. 자기 개성의 일부분을 계속해서 억누르고 겉으로 드러내지 않으면, 심지어 스스로도 의식하지 않으려고 하면, 그 과정에서 너무 많은 에너지를 소모하게 됩니다.

　너무 가까운 관계에서 발생할 수 있는 가장 흔한 문제는 관계가 지루해지고 활기가 부족해진다는 점입니다. 빨간색과 파란색이 아무런 경계도 없이 잘 섞여서 보라색이 되는 바람에 애초에 어떤 것이 빨간색이고 어떤 것이 파란색이었는지 구별할 수 없는 상태처럼 되고 마는 것입니다. 이런 관계에 있으면 우리는 상대를 완전히 알고 있다고 생각하면서 그 사람의 내면세계에 더 이상 아무런 관심도 호기심도 갖지 않게 됩니다.

　그런데 좋은 관계가 되려면 상대에게 자기 자신을 솔직하게 내보일 수 있어야 하고 어떤 감정이든 있는 그대로 표현할 수 있어야 합니다. 그래야 서로 어떤 차이를 발견하더라도 흥미를 느끼며 상대에 대해 더 알고 싶다고 생각하고, 이로써 관계가 더욱 풍성해지고 오래 지속될 힘을 갖게 됩니다. 바로 이러한 이유 때문에 위의 젠스와 카리나와 같은 '융합' 관계는 건강하고 적절한 관계라고 말하기 어려운 것입니다.

상대가 너무 가까운 관계를 불편해한다면
표현법을 바꿔보세요

+

너무 가까워져 '융합' 관계를 맺고 있는 사람들은 대개 자신을 가리킬 때조차 '나'라는 표현 대신 '우리'라는 말을 씁니다. 예를 들면 "우리는 함께 행복해요"라던가 "우리는 가족 모임을 좋아해요"와 같은 표현을 자주 사용합니다. 이들은 때로 '동일성'에 집착하면서 이것이 깨어질까 하는 불안감을 느끼곤 합니다.

당신이 상대에게서 자신과 비슷한 점을 언급하면서 '우리'라는 표현을 사용해 상대를 당신과 '같은 입장'으로 이끌려고 했을 때, 혹시 상대가 주춤하거나 피곤한 모습을 보인 적이 있지는 않나요? 그렇다면 그 사람은 아마 누구와도 융합되지 않은 채 자기 본연의 모습으로 있고 싶은 마음일 것입니다. 이런 경우 당신은 '우리'라는 표현을 '나'와 '너'로 바꿔서 '우리가 서로 다른 감정을 느껴도 괜찮다'라는 신호를 상대에게 보내줄 필요가 있습니다. 다음은 그러한 표현의 몇 가지 예시입니다.

- "우리 서로 잘 맞지 않아?"
  ≫ "나는 너와 함께 있는 게 좋은데, 넌 나와 있을 때 어때?"

- "우리 언제 한 번 만날까?"

≫ "네가 괜찮다면 나는 우리가 언제 한 번 만나면 좋겠어."

- "우리는 언제나 함께 많이 웃잖아."
  ≫ "내 느낌에(혹은 "내 기억에") 우리는 함께 있을 때 많이 웃었던 것 같아. 네가 느끼기에는 (혹은 "네가 기억하기에는") 어때?"

- "우리는 정말 즐거운 시간을 보냈어."
  ≫ "나는 너와 함께해서 즐거웠어. 넌 어땠어?"

당신이 이렇게 '비융합'의 표현으로 말하면 상대는 자신의 경험이나 감정이 당신과 다르더라도 당신이 그 이야기를 듣고 싶어한다는 사실을 알게 될 것입니다. 만일 상대의 부담감을 덜어주고 싶다면 "넌 아마 나와 함께 있을 때 복잡한 감정을 느꼈을 거야"라고 말할 수도 있습니다. 이렇게 하면 상대가 부정적인 감정을 솔직하게 털어놓을 수 있는 적당한 분위기가 만들어집니다. 그런 다음 이어서 당신은 "네 경험이 어땠는지 좀 더 얘기해 줄래?"라고 말할 수 있습니다.

지나치게 가까운 관계를
개선하기 위한 표현법

+

당신이 무슨 생각을 하는지 이미 다 알고 있다는 듯, 당신에게 입장을 표현할 여지를 주지 않고 주로 '우리'라는 표현을 쓰는 사람 때문에 숨이 막히는 느낌을 받아본 적이 있을 것입니다. 그런 사람과 함께 있으면 자신이 어떤 사람이라는 감각을 잃어버리고 정체성마저 혼란스러워질 수 있습니다. 또한 상대가 당신을 있는 그대로 인정해주지 않고 마치 자신의 분신이라도 되는 듯이 동일시한다면 당신은 적잖은 좌절감을 느낄 것입니다.

상대가 "우리는 정말 잘 어울려"라던가 "이제 우리는 위기를 맞기 전처럼 다시 제자리로 돌아왔어"와 같이 말하면서 당신과 자신을 융합하는 말을 할 때, 어쩌면 당신은 분위기를 망치고 싶지 않아서 마음이 언짢아도 참고 넘기려 할지 모릅니다. 하지만 장기적 관점에서 관계를 본다면 당장 기분이 나쁘고 서운하더라도 분명하게 당신의 감정을 표현하고 정체성을 지킬 필요가 있습니다. 아래는 이럴 때 사용할 수 있는 표현의 몇 가지 예시입니다.

- 네가 나와 함께 즐거운 시간을 보냈다는 건 잘 알겠어. 내 기분이 어떤지도 물어봐 줘.

• 너는 우리가 즐겁게 여행하고 있다고 생각한다는 걸 알겠어. 나도 대체로 같은 생각이야. 하지만 우리는 서로 다른 두 사람이라는 걸 기억해줘. 나는 이번 여행이 대체로 즐거웠지만 몇 가지 지겨운 점도 있었어.

하루아침에 소통 방식을 바꾸기는 어려울 수 있습니다. 그렇다면 몇 주 정도 만나지 않기로 하는 것도 도움이 될 수 있습니다. 그런 다음에 다시 만나면 좀 더 쉽게 서로를 새로운 시선으로 바라보고 새로운 규칙과 방식으로 관계를 시작할 수 있을 것입니다.

어릴 때는 누구나 '공생' 관계를 경험합니다. 갓난아이는 자기 자신과 어머니를 구별하지 못하지요. 갓난아기에게는 자기 욕구를 모두 알아차리며 한시도 놓치지 않고 관심을 가져주는 어머니가 매우 고마운 존재일 것입니다. 그런데 모든 사람이 갓난아기 시절에 이처럼 행복한 공생 관계를 경험하는 것은 아닙니다. 달리 말하면, 누구나 다 어린 시절에 어머니와 건강한 애착 관계를 형성하는 것은 아닙니다.

어린 시절에 어머니와 애착 관계를 잘 형성하지 못한 사람들은 성인이 되었을 때 친밀한 어떤 사람과 '분리'되는 것을 극도로 불안해할 수 있습니다. 그래서 건강하지 못한 융합 관계, 즉 상대와 지나친 동일시를 하며 가까운 관계를 원하고 여기에 집착

할 수 있습니다. 이렇게 형성된 융합 관계는 두 사람에게 심리적으로 불건전한 경험을 안겨주는 데서 그치지 않습니다. 두 사람 모두 상대가 자신의 말을 잘 들어주지 않고 이해해주지 않는다며 부정적인 감정을 키울 가능성이 매우 높습니다. 이러한 관계는 두 사람에게 도움이 되지 않을 뿐 아니라 오래 지속되지도 못합니다.

부모와 자녀 간의 관계에서
일어나는 바람직하지 못한 융합

+

바람직하지 못한 융합 관계는 부모와 자식 관계에서 생각보다 많이 일어납니다. 어릴 때 건전한 공생 관계를 경험하지 못한 사람이 부모가 되면 융합에 대한 갈망을 자기 자식에게 돌리게 됩니다. "내 딸은 나를 쏙 빼닮았어"라던가 "내 아들은 꼭 나 어렸을 때처럼 건방지다니까"와 같은 말을 자주 한다면, 자녀와 바람직하지 않은 융합 관계를 형성하고 있음을 암시하는 것으로 볼 수 있습니다.

어떤 부모는 자기 자식이 어떻게 느끼는지 정확히 안다고 믿기도 합니다. 그러나 그런 경우 대개 그 부모는 자식에게서 자기 자신을 보고 있을 뿐입니다. 오히려 그 자식은 부모가 자기 말을 들어주지 않고 이해해주지 않는다고 느끼고 있을 것입니다.

　만약 자녀가 부모인 당신과 거리를 두려고 한다면, 혹시 자녀를 자신의 일부분처럼 대하고 있지 않은지 생각해봐야 합니다. 당신이 이런 부모라면 그 자녀는 자기 자신을 되찾고 싶다는 바람과 함께 당신과 어느 정도 거리를 두려고 할 것입니다.

　어떤 관계에서도 마찬가지지만, 특히 상대가 자녀인 경우에는 자녀가 어떤 사람이며 어떤 감정을 느끼는지 자신이 모두 알고 있다고 섣불리 믿지 말아야 합니다. 아무리 부모라 할지라도 자녀의 내면세계를 모두 다 알 수는 없고, 그럴 필요도 없습니다. 부모로서 관심을 가지고 자녀가 어떤 생각을 하고 있고 어떤 감정을 느끼는지 직접 물어보는 편이 훨씬 낫습니다. 만약 당신이 자녀의 특성 중에서 주로 자기 자신과 비슷한 부분에 큰 관심을 기울여왔다면, 한동안은 반대로 당신과 다른 성격 측면에 특별한 관심을 기울여 보는 것도 좋은 방법이 될 수 있습니다.

1. 자신이 느끼는 차이점을 상대에게 표현하는 연습을 해봅니다. 우선 당신이 상대와 다른 색깔을 좋아한다고 가정하고, 그 색깔을 좋아하는 이유를 상대에게 어떻게 설명할지 아래에 적어봅니다.

_____

_____

_____

_____

_____

_____

_____

_____

_____

_____

_____

_____

_____

_____

_____

2. '우리'라는 표현 대신 '나'와 '너'라는 표현을 사용해서 상대에게 반대 의견을 제시하는 연습을 해봅니다. 자신을 존중하면서도 상대의 기분을 상하지 않도록 표현하는 법에 대해 고민하고 아래에 그 예시를 적어봅니다.

11 대물림되는 문제의 패턴에서 벗어나기

우리는 다른 사람과 관계 맺는 방법을 부모에게 배웁니다. 대개 우리는 부모에게 배운 대로 자녀, 친구와 관계 맺습니다. 간혹 정반대 방향으로 가는 경우도 있지만, 결국에는 같은 패턴을 반복합니다. 그렇기 때문에 아마도 당신이 겪고 있는 관계 문제는 당신 아버지나 어머니가 겪은 관계 문제와 비슷할 것이고, 아마도 그 문제는 집안 대대로 내려오면서 계속 반복됐을 것입니다.

만약 당신이 집안에서 내려오는 문제들을 모두 피할 수 있고, 모든 관계를 완벽하게 조율할 수 있다고 기대한다면, 이는 자기 자신에게 지나친 부담을 지우는 것입니다. 당신이 할 수 있는 최선은 윗대로부터 받은 것보다 조금 더 나은 것을 다음 세대에 물려줌으로써 긍정적인 방향으로 미래 세대에 영향을 주는 일입니다.

당신이 어머니와 사이가 좋지 않다면 아마 어머니 역시 자신의 어머니나 아버지와 사이가 좋지 않았을 것이고, 그 어머니나 아버지도 자신의 어머니나 아버지와 사이가 좋지 않았을 것입니다. 자기가 경험한 좋은 일이나 나쁜 일을 자기 자식이나 가까운 사람들에게 물려주지 않기란 정말 어려운 일입니다.

지금 당신이 관계 맺는 방식은 부모 세대로부터 배운 것입니다

+

현재 당신이 알고 있는 관계의 기술, 당신이 관계를 맺는 방식은 대부분 어린 시절의 양육자들로부터 배운 것입니다. 당신이 심리 치료와 같은 별도의 방법을 통해 남들과 관계 맺는 방식을 훈련하지 않았다면, 당신은 더도 덜도 아닌 당신 부모와 비슷한 감정 수준에서 타인과 관계 맺고 있을 가능성이 큽니다. 당신이 관계 맺는 방식은 당신의 부모가 관계 맺는 방식과 비슷할 것이고, 당신 역시 그런 방식을 당신과 가장 가까운 사람들에게 전달할 것입니다.

어떤 사람은 자신이 자녀들과 맺고 있는 관계가 자기와 부모 간의 관계와 비슷하지 않다고 여기기도 합니다. 그러나 좀 더 자세히 살펴보면, 대부분의 사람들이 자기가 부모에게 받은 것을 그대로 자기 자식에게 물려준다는 점을 알 수 있습니다. 다음에

나오는 이나의 사례 역시 그러한 관점에서 볼 수 있습니다.

내가 어렸을 때 우리 집의 식탁 예절은 매우 엄격했습니다. 나는 식사
시간이 너무 부담스러웠고 분위기도 살얼음판 같았죠. 내게 자녀가 생
겼을 때 나는 식사할 때 좋은 분위기를 만들려고 애썼습니다. 아이들
이 예절에 어긋나는 행동을 해도 일부러 눈감아줬고, 그 대신 아이들
에게 그날 하루가 어땠는지 물으면서 대화를 이어가는 데 집중했죠.
하지만 아이들이 좀 더 나이를 먹자 엄마가 식사 예절을 제대로 가르
쳐주지 않아서 친구들 집에 갔을 때 곤란했다며 나를 탓했어요. 게다
가 식사 시간에 내가 아이들에게 너무 관심을 가져서 부담스러웠다고
말하더군요.   ― 이나, 57세

이나는 부모가 된 뒤에 자신이 어린 시절에 경험한 것과 정반
대의 식사 분위기를 만들려고 노력했지만, 결국은 자녀에게 '피
곤한 식사 시간'을 물려주었습니다.

어느 한쪽의 극단에서 정중앙의 균형으로 옮겨가는 것은 매우
어려운 일입니다. 대부분의 사람들이 중도에 멈춰 서서 균형을
잡기보다는 양쪽의 극단 사이를 저울추처럼 흔들리며 오갈 뿐
입니다. 우리는 자신이 무엇을 하고 있고, 그것을 어떻게 처리해
야 하는지 알게 되었을 때 비로소 중도를 찾고 균형 잡힌 행동을
익히기 시작할 수 있습니다. 다음 사례에서 요하네스는 어린 시

절 아버지에게 느꼈던 부담감을 자녀와 친구들에게 물려주지 않으려고 애쓴 결과 자녀와 친구들에게 무심한 사람이 되고 말았습니다. 이 사례 역시 우리 대부분이 겪고 있는 불균형의 반복을 보여주고 있습니다.

> 나는 십 대 시절에 아버지와 단둘이 살았습니다. 아버지는 여자 문제를 내게 말했죠. 나는 엄청 열심히 이야기를 듣고 도우려고 애쓰는 한편, 아버지가 외로움에 지치지 않도록 보호하는 역할을 해야 한다고 느꼈습니다.
> 어른이 됐을 때 나는 내 자식들이나 다른 사람들에게 내 문제로 '절대' 부담을 지우지 않겠다고 결심했습니다. 언제나 행복하고 잘 지낸다고 말했죠. 아주 오랜 세월이 지난 뒤에야 나는 내 아이들과 친구들이 내 감정이나 진실한 내 모습을 한 번도 느끼지 못해서 얼마나 혼란스러워했는지 알 수 있었습니다. — 요하네스, 52세

이나와 요하네스의 사례 모두 한쪽 극단에서 다른 극단으로 방향을 바꾸는 경향을 발견할 수 있습니다. 이나와 요하네스는 자신이 겪었던 어려움을 자녀들에게 물려주지 않기 위해 애쓴 결과 오히려 다른 종류의 어려움을 물려주게 되었습니다. 이러한 불균형에 휘말리지 않으려면 자신이 겪었던 어려움이 어디서 비롯되었는지 좀 더 근본적인 원인에 대해 살펴볼 필요가 있습니

다. 그래야 양쪽 극단을 오가는 대신 관계의 '균형'을 잡을 수 있게 됩니다.

이나가 가족의 식사 분위기를 부드럽게 만들려고 애쓰되, 자녀들의 잘못된 식사 예절을 적절하게 바로잡아 주었다면 어땠을까요? 요하네스가 자녀와 친구들에게 부담감을 주지 않으려고 애쓰되, 너무 큰 부담을 주지 않는 선에서 적절하게 자신의 감정을 솔직하게 털어놓았다면 어땠을까요?

젊을 때 우리는 자신의 부모와 다른 방식으로 아이를 키우는 더 좋은 부모가 되겠다고 다짐하곤 합니다. 그런데 문제의 근본 원인을 생각해보지 않고 그저 '다른 방식'에만 집중하면 또 다른 극단을 향해 가는 우를 범합니다. 그러다가 자신이 부모를 원망했던 것과 같은 문제의 패턴에 사로잡혀 똑같은 실수를 반복하는 자기 모습을 발견할지도 모릅니다.

부모와의 관계보다
자녀와의 관계에 더 많은 에너지를 쏟으세요

+

당신이 경험한 문제가 오래전 세대부터 이어져 내려온 것이라는 점을 알게 되면, 부모를 원망하는 마음을 조금은 내려놓을 수 있을 것입니다. 자신의 잘못 때문이라고 스스로 느꼈던 죄책감에서도 가벼워질 수 있을 것입니다. 여러 세대에 걸쳐 가족 안에서 이어져 온 문제를 어떤 세대의 한 사람이 모두 해결할 수는 없습니다. 설사 당신이 그것을 기꺼이 원한다고 해도 그것은 확실히 무리한 요구입니다.

만일 우리가 문제의 작은 일부분이라도 해결해서 부모 세대보다 조금은 더 건강한 부모자식 관계를 맺을 수 있다면, 후손 세대는 더욱 바람직한 부모자식 관계를 이어갈 수 있을 것입니다. 가족 세대 간에 관계의 문제나 어려움을 물려줄 수 있는 것처럼, 관계의 기술과 성공 역시 물려줄 수 있습니다.

당신이 부모와의 관계, 자녀와의 관계를 동시에 개선하려고 애쓰고 있다면 우선순위는 자녀와의 관계에 두어야 합니다. 만일 당신이 부모와 함께 시간을 보내느라 에너지를 너무 많이 소비해 자녀를 돌볼 에너지가 부족하다면 부모와 연락을 줄이는 편이 현명합니다.

자녀가 어렸을 때는 충분히 잘해주지 못했던 부모가 나중에 성장한 자녀에게 무언가를 많이 요구하는 경우를 흔하게 봅니다. 정서적 보살핌을 잘 받지 못한 채 자란 사람이 요구사항이 많은 부모 때문에 쩔쩔매면서, 동시에 자신은 부모에게 받지 못한 것을 자녀에게 물려주기 위해 애쓰는 경우도 볼 수 있습니다. 어쩌면 당신도 이러한 곤란한 상황에 처해서 이를 감당하느라 모든 에너지를 소진해버린 적이 있을지도 모릅니다. 만일 당신이 지금 이런 상황에 처해 있다면, 무엇보다도 먼저 자기 자신을 위한 시간을 내고, 필요하다면 다른 사람의 도움도 구해야 합니다. 그렇게 에너지를 얻어야만 자녀, 혹은 당신이 무엇인가를 물려주고자 하는 후대 사람과의 관계에 필요한 자원을 마련하는 데에 사용할 수 있습니다.

어떤 사람들은 부모를 공경해야 한다는 성경 말씀 때문에 부모와 선을 긋지 못하는 바람에 자기 자신과 자녀를 위한 시간을 마련하는 데에 애를 먹기도 합니다. 부모를 공경해야 한다는 구절은 구약성서 출애굽기에 나오는 십계명 중 하나입니다. 십계명은 사회복지 사업이 생기기 전에 만들어진 일종의 규범이라고 할 수 있습니다. 당시는 더 이상 스스로를 돌볼 기력이 없는 부모를 자식이 돌보지 않으면 부모가 굶어 죽을 수밖에 없었습니다. 현재는 상황이 완전히 달라졌습니다. 따라서 자기가 준 것보다 더 많은 것을 자식에게 요구하는 부모에게 끌려다니는 대신, 당신 자신이 더 좋은 부모가 되어서 당신이 받은 것보다 더 많은 것을 자녀 세대에 물려주는 것이 더 바람직합니다.

부모가 자녀에게 베풀고, 자녀가 다시 그것을 미래 세대에 물려주는 것이 자연계의 질서입니다. 그런데 이 질서가 무너지기도 합니다. 부모가 취약하여 오히려 자녀에게 바라는 것이 많아지면, 오히려 그 자녀들이 지나친 부채 의식과 책임감을 느끼곤 합니다. 물론 당신에게 에너지가 충분하다면 부모를 돌보는 동시에 후대에도 사랑을 물려주는 것이 최선이겠지요. 그러나 부모가 너무 많이 요구하거나 당신에게 에너지가 부족한 상황이라면 자녀와의 관계를 우선시해야 합니다. 앞으로 계속 살아가면서 미래 세대에 전해줄 유산이 필요한 사람은 바로 자녀들이기 때문입니다.

관계연습 11. 부정적 패턴 끊기

1. 당신이 부모와의 관계에서 느꼈던 어려움에 대해 적어봅니다.

_____

_____

_____

_____

_____

_____

2. 그리고 그것을 자녀 세대에 물려주지 않으면서 문제를 개선할 수 있는 방법에 대해 생각해보고 다음에 적어봅니다.

_____

_____

_____

_____

_____

_____

3. 다음에는 당신이 '관계 맺기'와 관련해 자녀에게 어떤 것을 물려주고 싶은지 생각해보고 그것을 다음에 적어봅니다.

_____

_____

_____

_____

_____

_____

_____

_____

_____

_____

_____

_____

_____

_____

_____

_____

_____

4장　떠나보내기

어떻게 용서하고 이별할 것인가

세상 모든 것이 무너지고 부서진 자리에서,

많은 사람들이 강해진다.

— 어니스트 헤밍웨이(Ernest Hemingway)

12 이별하고 싶은
진짜 이유 이해하기

    당신이 누군가와 관계를 단절하거나 멀어지려고 했다면, 여기에는 그럴만한 이유가 있을 것입니다. 어쩌면 당신은 상대에게 무언가를 설명하거나 요구하는 것이 싫어서, 당신의 감정을 솔직하게 털어놓는 것이 어려워서, 쉬운 해결책으로써 이별을 선택했을 수도 있습니다. 그러나 멀리 내다봤을 때 가장 쉬운 해결책이 항상 최선의 선택은 아닙니다.

    또한 당신이 이별을 선택하더라도 상대가 여전히 당신에게 의미 있는 존재로 남아 있을 수 있습니다. 당신은 상대를 다시 보지 않기로 하고 휴대전화에서 연락처를 삭제할 수는 있겠지만, 그렇다고 해서 상대에게 가졌던 친밀감까지 한꺼번에 지워버릴 수는 없습니다. 어쩌면 우리는 자신의 감정을 스스로 선택할 수 없다고 말하는 것이 맞을지도 모릅니다.

    당신은 이별을 선택하기 전에 자신이 왜 그런 결정을 내리려고 하는지 신중하게 되짚어볼 필요가 있습니다. 특히 주눅들어 있거나 자존감이 낮은 상태에서 문제를 회피하고 도망치기 위한 선택을 하지는 않았는지 생각해봐야 합니다. 그리고 이러한 선택이 자신이 좀 더 성장할 기회를 지레 포기하는 결과를 낳는 것은 아닌지도 따져봐야 합니다. 우리는 누구나 관계로 인한 어려움을 겪지만, 한편으로는 관계 문제를 해결하면서 한층 더 성장하곤 합니다.

어떤 관계가 감당하기 어려울 만큼의 심리적 괴로움을 안겨주거나, 정신적 혹은 육체적 폭력이 있는 경우라면 서로 다시 만나지 않는 것이 최선의 선택이자 해결책일 것입니다. 그런데 어떤 사람과 연락을 끊거나 거리를 두기로 선택한 데에는 생각보다 정말 다양한 이유가 존재할 수 있습니다. 그중에는 바람직한 선택도 있겠지만, 신중하게 고려해야 하는 선택도 있습니다. 특히 그이유가 상대가 아닌 자신에게 있는 경우라면 더욱 그렇습니다.

당신이 관계를 끊으려는
진짜 이유를 다시 생각해보세요

+

다음은 사람들이 이별해야 하는 이유로 흔히 내세우는 일곱 가지입니다. 물론 어떤 이별은 매우 정당하고 꼭 필요합니다. 하지만 어떤 이별은 당신에게 오히려 마이너스가 될 수도 있습니다.

이별을 선택하기 전에,

이것이 회피는 아닌지 신중하게 되짚어보세요.

우리는 누구나 관계로 인한 어려움을 겪지만,

관계 문제를 해결하면서 한층 더 성장할 수 있습니다.

그러면 일곱 가지의 이유들에 대해 각각 그것이 과연 타당한 선택일지, 비겁한 회피나 변명은 아닐지 그리고 비슷한 상황에서 이별 대신 선택할 수 있는 다른 방법은 없을지 살펴보도록 하겠습니다.

첫 번째 이유 — 그 사람과 있을 때 나는 더 이상 편하지 않다

어떤 사람과 함께 있는 것이 편안하지 않다면 이는 아마도 상대가 불러일으키는 감정을 받아들이는 데 어려움을 느끼기 때문일 것입니다. 그 어려움이란 것은 대개 자신의 감정을 스스로 감당하거나 다스리지 못하는 데서 비롯되는 경우가 많습니다. 어쩌면 당신도 어떤 강렬한 감정이 일어나서 신체에까지 이상 반응이 나타나는 경험을 해봤을 것입니다. 이런 반응은 긍정적인 감정이나 부정적인 감정 모두에서 나타납니다.

한때 당신에게 중요했던 사람이지만 지금은 멀어진 어떤 사람과 한 공간에 있을 때 뛰쳐나가고 싶은 충동을 느꼈다면, 아마도 당신의 내면에는 감당하기 어려운 강렬한 감정, 예를 들면 분노나 슬픔, 비탄, 불안, 혼란과 같은 감정이 휘몰아치고 있었을 것입니다.

제게 심리상담을 받은 리네의 사례를 이야기해볼까요. 그녀는 어떤 파티에 초대받아 가게 되었는데, 전 남편 역시 그 파티에 초대받았다는 사실을 알고 있었습니다. 그럼에도 막상 그와 마

190

주치자 불안감이 요동치고 분노와 슬픔이 솟구치기 시작했습니다. 그녀는 파티장에서 도망쳐 나와 차를 몰고 집으로 돌아가고 싶었지만 그것이 충동적인 생각이라는 것을 알았기에 꾹 참았습니다. 그리고 차분하게 감정을 억누르려 애쓰며 스스로 되뇌었습니다. "이런 상황에서 이런 감정은 지극히 정상이고 자연스러운 거야." 그녀는 멀리서 그를 지켜보며 몇 차례 숨을 깊이 들이마시는 심호흡을 했습니다. 몇 분이나 지났을까, 자신의 몸이 점차 상황에 적응하는 것을 느낄 수 있었고, 다시 정상적으로 생각할 수 있었습니다.

리네가 그랬던 것처럼 강렬한 감정이 올라오더라도 가능하면 도망치는 대신 그 자리에 머무르는 것이 좋습니다. 심호흡을 하면서 자신의 감정을 있는 그대로 받아들이려 애쓰는 동안 요동치던 감정도 점차 사그라들 것입니다.

그 사람과 만나기 전에 다른 사람들에게 당신의 감정을 이야기함으로써 대비하는 것도 방법이 될 수 있습니다. 이야기하는 동안 당신은 그 감정을 느낄 것이고, 심호흡을 하고 천천히 버거웠던 감정에 적응하면서 온몸에 균형을 되찾는 연습을 할 수 있습니다.

어떤 감정에 대처하는 능력도 근육을 단련하는 방법과 똑같은 방식으로 키울 수 있습니다. 우리 몸의 어떤 부분은 사용하지 않을 경우 근육이 계속 약화됩니다. 반대로 계속 사용하고 운동하면 근육이 늘어나고 단련됩니다. 가령 처음에는 힘이 들어도 무거운 물체를 들어올리는 동작을 반복하면 팔의 근육이 점차 발달합니다. 그리고 시간이 지나면 똑같은 무게의 물체를 들어올릴 때 힘이 덜 들어갑니다. 마찬가지로 자기 자신을 특정한 감정에 적정한 정도로 노출시킴으로써 그 감정에 대처하는 능력을 키울 수 있습니다. 처음에는 격렬한 감정을 감당하는 것이 버겁게 느껴지겠지만, 조금씩 반복하다 보면 감정의 격렬함이 점차 희석되는 느낌을 받을 수 있습니다. 감당하는 것이 버겁고 힘들다고 해서 회피하고 도망치기만 하면 감정을 수용하기가 점점 더 어려워질 것입니다.

앞에서 소개한 '편지 쓰기'가 이 문제에도 도움을 줄 수 있습니다. 자신의 감정을 글로 쓰거나 말하다 보면 그 감정을 받아들이기가 점점 더 쉬워짐을 느낄 수 있을 것입니다. 여기서 더 나아가면 감정이 전반적으로 차분해지고 단단해집니다. 긍정적인 감정이든 부정적인 감정이든 자신의 감정을 잘 수용하고 조절할 수 있게 되면 다른 관계에도 많은 도움이 됩니다.

때로는 감정이 너무 격렬하거나 혼란스러워서 이를 이해하고 감당하려면 전문가의 도움을 받아야 하는 경우가 있습니다. 적절한 도움을 받을 수 있다면 '관계' 측면에서 발전할 수 있을 뿐만 아니라 한 인간으로서 성장하는 기회도 될 것입니다.

두 번째 이유 — 상대의 문제가 나를 짓누른다

상대가 어떤 문제에 대해 스스로 책임지거나 해결하려 하지 않으면서 당신에게 부담을 전가하는 통에 심리적으로 짓눌리는 듯한 느낌을 받은 적이 있을 것입니다. 이런 경우 당신은 상대와 연락을 끊어버리고 마음이 편해지는 쪽을 선택하고 싶을 수도 있겠지요.

산네는 자신이 짜증스러웠던 이야기를 시시콜콜 늘어놓으며 같이 화를 내주길 기대하는 엄마 때문에 심리적으로 많은 부담을 느꼈습니다. 산네의 엄마는 여러 해 동안 틀니에 관한 불만을 산네에게 토로했고, 툭하면 치과 기공사와 싸움을 벌였습니다. 제대로 치료가 된 것 같지도 않은데 비용을 치러야 한다며 몹시 화를 내기도 했습니다. 게다가 한 치과 기공사가 엄마의 분노가 심리적인 문제일 수 있다는 암시를 내비치자 한층 더 강한 분노를 표출했습니다. 엄마는 틀니 때문에 불편하거나 치과 기공사와 싸울 때면 산네를 찾아와서 한참동안 볼멘소리로 하소연을 하곤 했는데, 그때마다 산네는 기분이 언짢아지면서 엄마와 거리를 두고 싶어졌습니다.

산네는 엄마의 이야기에 열심히 귀를 기울이고 분노와 좌절에 공감하려고 했지만 그렇다고 해서 어떤 해결책이 떠오르지는 않았습니다. 이런 경우 산네의 입장에서는 엄마 문제로 계속해서 에너지를 빼앗기는 것보다는 아이들에게 에너지를 쏟는 편이 훨씬 더 바람직하다고 할 수 있습니다.

산네는 "엄마, 나는 엄마 딸일 뿐이에요. 내가 엄마 문제를 해결할 수는 없잖아요. 엄마 틀니 이야기를 듣는 게 부담스러워요. 앞으로 그 이야기는 듣고 싶지 않아요"라는 말로 엄마가 쏟아내는 부정적인 말들을 막으려고 시도했습니다. 엄마는 처음에는 화를 내면서 피해자가 된 것처럼 느꼈지만, 더 이상 틀니 문제로 산네에게 부담스러운 감정을 쏟아내지 않았습니다. 산네는 엄마를 거절하기가 쉽지 않았겠지만 결과적으로는 현명한 선택이었습니다. 그렇지 않고 계속 억지로 참아야 했다면 결국 엄마와의 절연을 선택했을지도 모릅니다.

가족이나 친구가 별다른 진전도 없고 필요한 도움을 구하지도 않으면서 같은 문제로 괴로워하는 이야기를 반복해서 듣거나 그 상황을 지켜보기란 여간 부담스러운 일이 아닙니다. 이런 경우 적절하게 '중단'을 요청해야 관계가 더욱 악화되는 것을 막을 수 있습니다.

세 번째 이유 — 그 사람과 함께 있는 것에 싫증이 났다

덴마크어로 '싫증 나다kede sig'라는 말은 어원상 '슬프다ked af det'라는 의미에 가깝습니다. 당신은 어쩌면 어떤 사람과의 관계에서 슬픔이나 정서적 불안감을 느꼈을 때 그 감정을 상대에게 솔직하게 말하지 않은 적이 있을 것입니다. 그렇다면 그다음에 두 사람 사이에서 어떤 일이 일어났나요? 갈등이 일어날지라도 서로의 생각과 감정에 대해 말하며 이해하려 했나요? 아니면 자신의 감정은 감춰두고 서로 비위를 맞춰주며 그럭저럭 관계를 이어갔나요? 후자의 경우였다면 앞으로는 두 사람 관계의 현재 상황에 대한 서로의 생각과 감정을 솔직하게 털어놓을 필요가 있습니다. 그래야 겨우겨우 이어지는 듯한 지루한 관계에서 벗어날 수 있습니다.

앞의 2장에서 설명했듯이, 솔직한 대화를 시작하고 밀실에 감춰둔 비밀을 정리하려고 할 때는 '지금 여기에 있는 나와 너'에게 집중하며 이야기하는 대화법이 아주 유용한 의사소통 방식이 될 수 있습니다. 어떤 관계가 지루하게 느껴질 때도 이러한 대화법을 통해 서로를 어떻게 느끼고 생각하는지 솔직하게 털어놓음으로써 상황을 변화시킬 수 있습니다.

어떤 관계에서 지루함이 문제가 될 때는 솔직하면서도 직설적인 화법이 도움이 됩니다. 다음은 그러한 화법의 예시들입니다.

- 너와 함께 무언가를 하고 싶은 욕구가 줄어든 것 같아.
- 요즘 들어 우리가 함께 대화할 때 나는 지루해서 자꾸만 시계를 보게 돼.
- 네가 뭔가 놀랍거나 새로운 이야기를 했으면 좋겠어.
- 내가 말하는 내용에 대해 네가 질문을 했으면 좋겠어. 그러면 네가

내 이야기를 더 듣고 싶어 한다고 느낄 수 있을 거야.

- 이렇게 고리타분한 이야기는 관두고 우리가 함께 좀 더 시시덕거렸으면 좋겠어.
- 너와 완전히 연락을 끊으면 난 슬플 거야. 하지만 앞으로도 이렇게 자주 만나야겠다는 생각은 안 드네.

예절을 중요하게 여기는 사람이라면 이렇게 직설적인 화법은 추천하지 않을 것입니다. 이러한 직설적인 화법에는 상대가 상처받거나 화를 낼 위험이 존재하는 것이 사실입니다. 하지만 서로 감정을 솔직하게 털어놓지 못해 지루한 관계가 되었다면 이러한 위험을 감수할 만한 충분한 이유가 됩니다. 조금 멀리 보면 오히려 좋은 결과를 가져올 가능성이 더욱 큽니다.

어떤 관계가 지루해지는 또 다른 이유는 두 사람이 서로 다른 방향으로 성장해서 서서히 공통점이 줄어들었기 때문일 수도 있습니다. 이런 경우라면 그 관계는 더 이상 큰 의미가 없고 그 역할을 다했다고 볼 수 있습니다. 그렇다면 그 관계를 계속 이어가기 위해 애쓰는 것도 의미가 없겠지요. 어떤 점에서는 그 관계를 평생 변함없이 이어갈 수 있으리라 믿는 것이 지나치게 이상적인 생각일 수도 있습니다.

네 번째 이유 — 상대가 내게 잘못된 역할을 부여했다

부모와 연락을 끊은 성인 자녀들 중에는 부모의 말과 행동, 표정에서 느껴지는 자기 자신의 이미지가 실제와 들어맞지 않는다고 느끼는 사람들이 많습니다. 그들은 부모 눈에 비친 자기 모습과 실제 자기 모습이 다르다는 것을 깨닫고 혼란스러워합니다. 그리고 부모가 자녀를 대할 때 자녀가 어떤 사람인지 진지하게 생각해보지 않았다는 것을 알게 됩니다.

아마도 그들은 어린 시절부터, 자기가 태어나기도 전에 부모가 만들어놓은 틀에 맞춰서 살려고 노력했을 것입니다. 그러다가 어른이 되어 그 틀에 맞지 않는 자기 자신의 모습을 발견하고 부모에게 내보이려 하지만, 부모는 이를 잘못 해석하거나 무시하곤 합니다. 특히 부모 자신이 부담스러운 유년기를 보냈고 자신의 트라우마를 극복해야 하는 책임을 받아들이지 못한 경우 이런 상황이 만들어지기 쉽습니다. 이런 부모들은 주변 환경의 변화와 상관 없이 똑같은 역할만을 계속 반복합니다. 그리고 스스로 깨닫지 못하는 사이에 끝없이 반복되는 자신의 역할 수행극에서 자녀들을 인질로 잡게 됩니다.

엄마는 정말이지 좋은 어머니 역할을 맡아야 하는 사람 같았어요. 엄마가 그 역할을 성공적으로 수행하려면 나는 행복하고 상냥하며 똑똑한 아이 역할을 담당해야 했죠. 나는 아주 어릴 때부터 이를 본능적으로 알았어요. 성인이 됐을 때 나는 나 자신이 그런 역할과는 동떨어진 다른 역할의 사람이라는 사실을 알게 됐죠. 때때로 나는 어리석고 우스꽝스러운 데다 터무니없을 만큼 슬퍼지는 사람이에요.

나의 새로운 모습을 발견하고 이해하면서 나는 더 강해지고 완전해졌죠. 하지만 엄마는 지금의 내 모습을 전혀 이해하지 못해요. 엄마는 계속해서 다정하고 똑똑한 아이의 좋은 어머니 역할을 하죠. 엄마는 내 참모습을 보지도 않고 내 이야기를 듣지도 않는 것 같아요. 마치 내가 사라지고 실재하지 않는 것 같은 기분이죠. 내 남자친구에게 엄마를 만났던 이야기를 하고 그 일이 내게 얼마나 힘들었는지 그가 듣고 이해해줬을 때 나는 비로소 진정한 나 자신을 다시 느낄 수 있었습니다.

— 도르테, 50세

우리는 자기 자신을 있는 그대로 드러낼 수 있는 방식으로 상대가 자기를 봐주고 이야기도 들어주길 바랍니다. 다른 사람에게 비친 자신의 모습이 왜곡되어 있다면 자기 스스로 중심을 잡고 정체성을 유지하는 것이 어려울 것입니다. 특히 자존감이 불안정한 사람이라면 더욱 그럴 테지요.

당신의 부모가 자녀의 가장 내밀한 욕망이나 성격에 관심을 가져주지 않았다면, 혹은 자녀를 한 사람의 온전한 인격체로 봐주지 않았다면 아마도 당신에게는 안정적인 자존감이 부족할 가능성이 높습니다. 당신이 스스로를 존중하려고 애쓴다 하더라도 부모와 함께 있을 때면 자존감이 무너지는 듯한 느낌을 받을 수 있습니다. 이런 경우 부모와 함께 있는 것 자체가 괴롭고 부담스러울 것입니다.

정도의 차이는 있겠지만, 우리는 부모로서의 자신과 자녀에게 서로 역할을 부여합니다. 문제는 그 역할이 당사자 본연의 모습에는 맞지 않는다는 사실이 드러났는데도 융통성이 없는 나머지 그 역할을 바로잡지 못하는 경우입니다. 자신이 수행하는 여러 가지 역할에서 융통성을 발휘하지 못하는 사람은, 다른 사람에게 부여하는 역할에도 융통성을 발휘하지 못합니다.

예를 들어 당신이 '재미있고 즐거움을 주는 사람'이라는 역할만 할 수 있다면 당신은 남들에게 '관객'이라는 역할을 부여할 것입니다. 당신이 '경청하는 조력자' 역할만 수행할 수 있다면 상대는 '문제아'라는 역할을 맡게 되겠지요. 당신이 '무고한 희생자'라는 역할만 한다면 다른 사람들은 '조력자 혹은 구세주'나 '파괴자' 역할을 맡게 될 것입니다.

어떤 사람들은 계속해서 과거의 역할에 머무르면서, 관계를 맺고 있는 다른 사람들이 이해하기 어려운 행동을 하곤 합니다. 또한 그들은 다른 사람에게 역할을 부여하고 그 사람이 오로지 그 역할만 하는 것처럼 행동하기도 합니다. 그러면서 주변 사람들이 내면에서 어떤 경험을 하는지는 보지도, 이해하지도, 관심을 갖지도 않습니다.

예를 들어 기차에서 옆에 앉은 승객이 물어보지도 않았는데 자기 걱정거리를 털어놓는 여성이 있다고 합시다. 그녀는 옆자리 승객이 어떤 사람인지, 이야기를 듣고 싶어 하는지 혹은 피곤해서 쉬고 싶은지 먼저 알아보려 하지도 않고 그 사람에게 조력자 역할을 부여합니다. 또 다른 예로 자기 아들이 다른 아이들보다 훨씬 뛰어나다고 생각하는 아버지를 들 수 있습니다. 처음에는 그 아들도 아버지의 칭찬에 기분이 좋겠지만, 아버지로부터 부여받은 역할에 최선을 다하면서 모든 일에 최고가 되려고 노력하다가 결국 자기 자신을 잃게 됩니다.

자기 문제에 다른 사람을 끌어들여 이용하는 것은 모두를 망칠 수 있는 바람직하지 않은 일입니다. 어쩌면 나쁜 의도를 갖고 그렇게 한 것은 아닐 수도 있습니다. 이런 일은 자신이 과거의 어떤 문제에 얽매여 있다는 것을 모를 때, 혹은 그 문제를 스스로 잘 받아들이지 못할 때 쉽게 일어납니다.

당신이 이런 일을 하고 있거나, 혹은 다른 사람의 문제에 이용되고 있다면, 이에 대해 상대와 이야기를 나눌 필요가 있습니다. 부모와 자녀 간에 이런 일이 일어난다면 상황은 훨씬 더 복잡하고 난해합니다. 어쩌면 상황을 올바로 파악하고 관계를 새롭게 정리할 방법을 찾기 위해 부모와 자녀 모두 많은 도움을 받아야 할지도 모릅니다.

만약 당신이 부모나 다른 사람과 있을 때 무언가 잘못됐다는 느낌이 들거나, 혼란스럽거나 혹은 비현실적이라는 느낌을 받는다면, 이는 아마도 당신 자신이나 현재의 관계와 별 상관이 없는 문제에 빠져 있기 때문일 것입니다. 어쩌면 당신은 다른 누군가가 자기 자신에 대한 환상을 유지하기 위한 역할극에 잘못 초청되어 어떤 배역을 맡고 있는지도 모릅니다.

잘못된 역할을 부여한 입장이든 부여받은 입장이든, 이는 대단히 부담스럽고 피곤한 일이며 그 누구에게도 도움이 되지 않는 일입니다. 따라서 그러한 현실을 인정하고 서둘러 빠져나와야 합니다. 환상이 깨어질 때는 괴롭지만 현실에 발을 딛고 설 때 우리는 비로소 더 잘 살아갈 수 있습니다.

탱고를 추려면 두 사람이 있어야 합니다. 한 사람이 새로운 스텝을 밟기 시작하면 상대도 추던 대로 계속해서 출 수는 없습니다. 상대가 당신에게 부여한 역할을 당신이 더 이상 수행하지 않으면 그 사람도 자기 역할을 고수하기 어려울 것입니다. 그 사람은 이 사태를 불쾌하게 여길 것이고, 어쩌면 불안과 고통의 원인을 당신에게 돌릴지도 모릅니다. 그러나 당신이 계속해서 새로운 스텝을 밟는다면 결국에는 모든 사람에게 바람직한 결과를 가져올 것입니다. 최선의 경우 상대 역시 자신에게 다른 도움이 필요하다는 점을 깨달을 것입니다.

부모가 특히 자녀에게 역할을 부여하기 쉬운 것은 사실이나, 사실 역할 부여는 다른 관계에서도 얼마든지 일어날 수 있습니다. 특히 자기주장을 뚜렷하게 내세우지 않는 사람일수록 잘못된 역할을 부여받기 쉽습니다. 이렇게 잘못된 역할을 부여받지 않으려면 자기 자신이 어떤 사람인지, 무엇을 원하는지, 무엇을 원하지 않는지 명확하게 말할 수 있어야 합니다. 그래야 남의 문제에 휘말리는 일에서 자기 자신을 더 잘 보호할 수 있습니다.

다섯 번째 이유 ― 상대에게 나는 그리 중요한 사람이 아니다

당신에게 상대가 중요한 만큼 상대가 당신을 중요하게 여기지 않는다면 이는 괴로운 관계일 수 있으며, 자존감을 갉아먹을 수 있습니다.

연인 관계에서 두 사람이 서로를 똑같이 사랑하는 경우는 드뭅니다. 대개 한 사람이 다른 한 사람보다 상대에게 더 많은 관심을 보이기 마련입니다. 이 자체는 문제가 아니지만 두 사람 간의 사랑이나 관심도가 너무 크게 차이 나는 경우, 더 많이 사랑하는 사람이 힘들어질 수 있습니다. 만약 당신은 상대에게 집착하는 마음을 갖고 있고 언제나 그 사람과 함께 있고 싶어 하지만, 상대는 당신을 가끔씩만 만나고 싶어 하거나 당신에 대해 피상적인 관심만 갖고 있다면 헤어지는 편이 나을 것입니다.

마틴과 사귀던 당시 나는 거의 언제나 마틴의 인생을 생각하는 데 열중했어요. 고통스러운 어린 시절을 보낸 마틴이 너무 가여웠고, 마틴에게 깊은 애정을 느꼈죠. 마틴의 인생에는 여러 차례 위기가 닥쳤고 그때마다 나는 마틴을 돕고 적절한 조언을 하려고 했어요. 우리 대화에 나와 내 인생이 화제로 오르는 일은 드물었죠. 우리 관계는 대부분 이렇게 진행되었습니다. 마틴은 거의 질문하지 않았고 내가 내 생활과 관심사에 대해 이야기하기 시작했을 때 그가 보이는 관심은 거짓 같았죠. 나는 마틴에게 자주 먼저 연락했고 함께 영화를 보러 가자고 하거나 그냥 만나자고 얘기했어요. 마틴이 나와 함께 무엇인가를 하고 싶어 하는 일은 드물었죠. 어느 날 나는 갑자기 부질없게 느껴져서 그에게 더 이상 연락하지 않았어요. 그랬더니 우리 관계는 서서히 멀어졌죠. 이후로 나는 오랫동안 울었지만 잘된 일이라고 생각해요.　　　　— 카마, 42세

부모로부터 충분한 애정을 받지 못한 경우에도 힘들 수 있습니다. 어쩌면 당신은 다른 형제자매의 그늘에 가려져 있을지도 모릅니다. 카스퍼의 사례를 보자면, 그의 부모는 동생에게 더 많은 애정을 쏟느라 카스퍼에게 필요한 애정을 충분히 쏟지 못했습니다. 카스퍼가 부모님 댁에 갔을 때 부모님은 남동생이 얼마나 잘 지내고 있는지, 어떤 시험을 쳤는지, 어떤 성적을 받았는지, 앞으로 장래가 얼마나 창창한지 줄줄이 이야기를 늘어놓았습니다. 하지만 카스퍼가 자신이 하고 있는 수습 업무 이야기를 꺼내자 부모님은 별 관심을 보이지 않았습니다. 이런 상황에서 카스퍼가 낙담하고 힘들어하는 것은 당연할 것입니다.

어떤 사람들은 자신이 집안의 골칫덩어리처럼 느껴져서 그런 괴로운 심정에서 탈피하고 싶어 부모와 거리를 두기로 합니다. 또 어떤 사람들은 부모에게 칭찬과 애정을 기대했다가 실망하고 기분이 상하는 경험을 반복하다가 결국 연락을 끊기도 합니다.

이혼 가정에서 자란 자녀가 성인이 되면 자신이 열등하다고 느끼는 경우가 많습니다. 특히 재혼한 아버지가 새로 꾸린 가정에서 그렇게 느끼곤 합니다. 한나와 마리아의 사례도 그런 경우였습니다.

한나는 이렇게 말합니다. "내가 아버지 댁을 방문하려고 할 때면 직전까지도 언제가 좋을지 대답을 듣지 못할 때가 많아요. 아버지는 침대가 모자라지 않을지 망설이죠. 새어머니 자녀나 이복동생들, 부모님 친구분들로 손님 침대가 다 차지 않아야만 내가 묵을 수 있어요." 한나의 부모에게 한나는 언제나 우선순위에서 뒤로 밀리는 존재인 것입니다.

마리아의 아버지 역시 재혼했는데, 그는 딸인 마리아가 전화하면 새어머니와 다른 가족이 모두 모여서 주말을 즐겁게 보냈다는 이야기를 신이 나서 하곤 했습니다. 그런 이야기를 들을 때 마리아는 아버지가 자신을 보고 싶어 하지 않는다는 것을 느끼고 슬퍼지고는 했습니다.

만약 당신이 아버지나 어머니에게 자식으로서 당연히 받아야 할 관심을 받지 못한다면 부모를 만나는 일이 괴로울 수 있습니다. 또한 자신이 빠져도 나머지 가족들이 별문제 없이 행복한 모습을 보인다면 스스로 자존감이 낮아져 가족과 연락하는 일이 어렵게 느껴질 수 있습니다.

자신이 무시당하고 보잘것없다는 느낌은 사랑받지 못한다는 느낌만큼이나 괴로운 기분입니다. 함께 시간을 보낸 뒤에 이런 기분을 느끼거나 상대에게 이런 이야기를 해도 소용이 없다면, 다른 관계를 우선할 수 있도록 만나는 횟수나 시간을 줄일 필요가 있습니다.

당신이 원하는 만큼 자녀에게 의미 있는 존재가 아니라서 힘들어하는 부모라면 상황은 다릅니다. 이런 경우라면 절대 자녀와 연락을 끊어서는 안 됩니다. 자녀의 친구, 자녀의 다른 관심사와 비교해 당신이 우선순위에서 밀린다는 느낌에 마음에 힘들더라도 그러지 말아야 합니다. 자녀가 부모를 가장 높은 우선순위로 생각하지 않더라도 부모의 역할은 자녀를 지지해주는 것입니다. 그렇게 보이지 않는다고 해도, 당신은 자식에게 중요한 사람이며 자녀에게 당신이 필요한 사람이라는 점을 믿어야 합니다.

여섯 번째 이유 — 상대로 인해 나의 자아에 상처를 입었다

가끔 주변 사람들이 별로 듣고 싶지 않은 말을 할 때가 있을 것입니다. 당신이 어떤 점을 계발해야 한다거나, 너무 지배하려고 든다거나, 혹은 연약하거나 가식적으로 보인다고 말할 때도 있을 것입니다. 이때 당신은 그들이 당신에게 상처를 주려고 고의로 그런 말을 하는 것인지, 그게 아니라면 진짜 의도가 무엇일지 생각해볼 필요가 있습니다.

성인이 되고 나이가 들수록 우리는 자기 자신에게서 마음에 들지 않는 부분을 의식하게 됩니다. 이럴 때는 대개 친구보다 적이 더 도움이 됩니다. 친구는 당신을 잃을 위험을 무릅쓰려고 하지 않으므로 당신의 약점을 건드릴 때 이를 당신이 눈치채지 못하도록 잘 포장해서 말하곤 합니다. 반면에 적은 당신의 눈치를 살피지 않고 직설적으로 약점을 꼬집어 말합니다.

만약 당신의 친구나 가족이 당신의 부정적인 면을 솔직하게 말해주는 쪽이라면 이는 당신 입장에서 매우 행운이라고 할 수 있습니다. 다소 상처를 입을 수는 있겠지만, 그렇다고 해서 그러한 관계를 포기한다면 자기를 통찰할 기회를 잃게 됩니다. 당신에 관한 남들의 생각에 귀를 기울이는 것은 인간으로서 성장하고 발전할 기회를 얻는 것입니다.

물론 친구나 가족이 당신을 나무라거나 놀리거나 비아냥대면서 비난하는 등 어떤 식으로든 불쾌하거나 무례하게 대한다면 이는 별개의 문제입니다. 그 누구도 당신에게 완벽을 강요할 권리는 없습니다. 당신의 잠재력이 발휘되고 더 발전하기를 바라는 사람이라면 부정적인 면을 말하더라도 태도는 친절해야 합니다.

일곱 번째 이유 — 상대가 정신적 혹은 물리적 폭력을 가한다

그 어떤 누구도 폭력을 참아서는 안 되고 참을 필요도 없습니다. 따라서 어떤 관계에서든 폭력이 발생한다면 그런 관계는 끝내야 마땅합니다. 그런데 신체적 폭력이 무엇인지는 다들 잘 알고 있지만 정신적 폭력은 정확하게 가려내기 어려울 수 있습니다. 이런 경우 주변 사람들의 도움이나 전문 상담가의 조언을 듣는 것도 방법입니다.

다음은 정신적 폭력에 해당하는 전형적인 요소의 예를 정리한 것입니다.

- 의심한다.
- 도가 넘치게 비난한다.
- 당신이라는 사람 자체를 비판한다.
- 모함한다.
- 인신공격한다.
- 장기간에 걸쳐 무시한다.
- 조롱하는 발언을 한다.
- 불쾌한 별명을 사용한다.
- 형제자매 등과 부정적으로 비교한다.
- 불친절하게 꾸짖는다.
- 증오에 찬 표정으로 본다.

- 당신이 말하고 있을 때 눈을 굴린다.
- 물건을 부수겠다고 위협한다.
- 폭력을 가하겠다고 위협한다.

폭력을 이유로 연락을 끊은 적이 있다면 스스로를 지킬 수 있었으므로 자축할 만한 일입니다. 그 누구도 정신적 폭력이나 신체적 폭력을 당해서는 안 됩니다. 저는 앞에서 혹시 모를 잘못된 선택을 하지 않기 위해 관계를 회복하려 애쓸 필요가 있다고 말했지만, 폭력이 관련된 경우는 예외입니다.

그런데 폭력이 단 한 번만 일어난 경우와 지속적으로 발생한 경우는 조금 다르게 대처할 필요가 있습니다. 예를 들어, 어렸을 때 부모가 정신적으로나 신체적으로 폭력을 가했다면 그들을 만나지 않아도 될 이유가 충분합니다. 다만 그 폭력이 현재까지 지속되는 것이 아니라면, 더 이상 폭력을 행사하지 않는다는 전제가 있다면, 연락을 끊지 않기로 결정할 수도 있습니다. 당신의 마음에 부모에 대한 그리움과 사랑이 남아 있을 수 있고, 또 어쩌면 당신 부모 역시 끔찍한 어린 시절을 보냈을지 모릅니다. 당신의 가족사나 어린 시절에 대해 주변의 적절한 사람에게 물어볼 수 있다면 도움이 될 것입니다.

부모와의 관계를 유지하기 위해 노력하는 과정은 당신이 자기 자신을 이해하는 데에도 도움이 됩니다. 당신이 아마도 어렸을 때부터 마음속에 쌓아왔을 부모에 대한 적대적인 이미지나 흑백 논리를 버릴 계기가 마련될 수도 있습니다. 이렇게 부모와의 관계에서 이해의 폭을 넓히고 인식의 전환을 통해 성장할 수 있다면 자기 자신은 물론 타인에 대해서도 새로운 관점을 지닐 수 있게 될 것입니다.

관계연습 12. 이별 선택하기

1. 당신이 어떤 사람과 연락을 끊고 싶다면 그 이유에 대해 다시 한번
    생각해보고 다음에 적어봅니다.

_____

_____

_____

_____

_____

_____

_____

_____

_____

_____

_____

2. 당신의 선택이 충분한 이유를 갖고 있는지 검토하기 위해 다음 항목 중 해당하는 내용에 체크해보기 바랍니다. 만약 하나의 항목이라도 해당한다면 당신은 앞에서 적은 이유에 대해 다시 한번 생각해봐야 합니다.

나는 때로 스스로 감당하기 어려울 만큼 격렬한 감정에 휘말린다.	
나는 상대가 쏟아내는 격렬한 감정을 수용하는 데에 어려움을 겪는다.	
나는 상대에게 갖고 있는 불만을 솔직하게 털어놓기가 두렵다.	
나는 그 관계가 영원히 지속될 수 없다는 점을 생각하면 슬픔이 느껴진다.	
나는 과거의 문제나 상처를 떨쳐내지 못해서 발목을 잡히는 경우가 있다.	
나 자신이 부모님이나 친구들의 기대에 부응할 수 없다는 생각에 괴롭다.	
나는 자신의 부정적인 측면에 대한 충고나 조언을 듣고 싶지 않다.	

13 제대로
작별 인사를 하기

그 이유가 무엇이고 원인이 누구에게 있든 간에, 이별을 선택했다면 제대로 작별 인사를 하는 것이 매우 중요합니다. 이는 두 사람이 이별을 극복하고 새로운 관계를 맺는 방식에 중대한 영향을 미칠 수 있습니다. 장례식을 훌륭하게 치르고 나면 슬픔을 이겨내는 데 도움이 되는 것처럼, 인생의 한 부분을 차지했던 소중한 사람과 헤어지는 순간에 뜻있는 작별 인사를 나눈다면 그 사람을 떠나보내고 다시 앞으로 나아갈 힘을 얻을 수 있습니다.

두 사람은 어쩌면 관계를 유지하기 위해 너무 많은 것을 희생해야 한다고 생각해서, 각자 떨어져 더 잘살 수 있는지 알아보기 위해 이별을 선택했을 수 있습니다. 혹은 한 사람은 관계를 계속 유지하고 싶어 하는 반면에 다른 한 사람은 관계를 끊기로 결정했을 수도 있습니다. 어떤 이별을 하느냐에 따라 이별에 대처하는 자세도 달라질 수 있습니다.

어떤 사람들은 관계가 끝난 뒤에 슬픔이나 혼란, 자책에 빠져 있는 경우가 있습니다. 어떤 사람들은 이별을 선택한 후에 자신이 떠나기로 결정한 당사자인데도 너무나 강렬하게 느껴지는 슬픔에 놀라곤 합니다. 반면에 안도감이 밀려와서 놀라는 사람들도 있습니다. 어느 쪽이든 간에 작별 인사를 제대로 할 수 있다면 두 사람 모두 이전보다 더 행복할 수 있습니다.

헤어질 때는 '고마워'라는 말이 중요한 역할을 합니다. 두 사람이 함께한 긍정적인 경험, 혹은 상대가 당신을 도와줬거나 당신의 삶에 긍정적인 역할을 했던 상황을 떠올릴 수 있을 것입니다. 두 사람이 서로에게 긍정적인 메시지를 전해줄 수 있다면 더욱 이상적일 것입니다.

만약 관계를 끝내기로 선택한 것이 상대라면, 그리고 당신은 여전히 실망과 슬픔의 감정을 품고 있다면 상대에게 해줄 긍정적인 말을 찾기 어려울 것입니다. 오히려 상대에게 지옥에나 떨어지라고 말하고 싶은 충동을 느낄 수도 있겠지요. 그러나 당신 자신을 위해서라도 긍정적인 측면을 기억해내려 애써볼 필요가 있습니다. 아마도 가깝게 지내던 친구들에게 도움을 얻을 수 있을 것입니다.

이별이 상처가 되지 않도록
제대로 된 작별 인사를 하는 법

+

시간이 흐른 후에도 자기 자신과 상대에게 좋은 감정을 느끼고 싶다면 상대가 느낄지도 모르는 죄책감을 덜어줄 수 있는 말을 건네는 것이 좋습니다. 가령 "네가 그런 결정을 내렸다니 정말 유감이야. 하지만 내가 남은 평생 너를 생각하면서 울까 봐 걱정할 필요는 없어. 지금은 언니가 날 돌봐주고 있고, 얼마 지나면 데이트 앱에 내 프로필을 올릴 거야"와 같이 말할 수 있습니다. 혹은 "나는 너와 사귀면서 성장했고 그 점에 만족해. 네 인생도 힘들었다는 거 알아. 앞으로 행복하길 바랄게"라고 말할 수도 있습니다.

어떤 관계에서는 긍정적인 메시지를 주고받는 것 외에도 직접 만나서 작별 인사를 건네는 것이 필요할 수도 있습니다. 이때 둘 중 어느 한 사람이라도 어린아이처럼 유치하게 떼를 쓰거나 소리를 지르거나 하는 행동을 하지 않도록 미리 감정을 억누르고 자제할 수 있어야 합니다. 작별 인사가 원만하게 이루어지려면 두 사람 모두 어느 정도 여유로워야 합니다. 그래야 두 사람이 서로에게 공감할 수 있고 자기방어에 골몰한 나머지 좋게 헤어지고 싶었던 사람에게 결국 상처를 주고 마는 사태를 피할 수 있습니다. 직접 만나서 작별 인사를 하는 것이 옳지 않다는 느낌이

든다면 애정을 담아 작별 편지를 쓰는 편이 더 바람직합니다.

더불어 자기만의 작은 작별 의식을 만들 수도 있습니다. 필요하면 여러 차례 작별 의식을 치러도 됩니다. 결별 직후에는 진심으로 작별 의식을 치를 준비가 되지 않았을 수도 있는데, 그러면 몇 주나 몇 달 뒤에 작별 의식을 치러도 됩니다. 이렇게 자기만의 작별 의식을 치르는 것은 당신에게 깊은 인상을 남길 수 있습니다.

다음에 소개하는 작별 의식을 참고하는 것도 도움이 될 것입니다.

- 상대의 사진을 찾는다.
- 당신과 상대방을 이어주는 음악을 듣는다.
- 그 사람을 떠올리게 하는 물건을 꺼낸다.
- 그 사람을 위해 촛불을 켠다.
- 사진을 보면서 작별 인사를 하고 고마움을 전한다.
- 이 상황을 위해서 당신이 쓴 작별 편지를 읽는다.

만약 이별하려고 하는 상대가 부모라면, 그런데 고마운 점을 찾을 수 없다면 다음과 같은 문장으로 작별 인사를 할 수 있습니다.

"낳아 주셔서 감사합니다. 앞으로는 제게 주신 인생이 더 행복

이별을 선택했다면 제대로 작별 인사를 건네세요.

중요했던 사람과 뜻있는 작별 인사를 하면

다시 앞으로 나아갈 힘을 얻을 수 있습니다.

해질 수 있도록 당신에게서 나 자신을 지킬 겁니다."*

작별 의식을 치를 때 친구를 초청할 수 있다면 더 큰 효과를 기대할 수 있습니다. 나중에도 그 친구에게는 이별 후의 슬픔에 대해 이야기 나눌 수 있을 것입니다. 당신은 분명히 안도감을 느낄 것이고, 또한 슬픔도 느낄 것입니다. 관계를 끝내기로 한 사람이 당신이었다고 해도 그럴 수 있습니다. 모든 관계에는 좋은 점이 있으며 이별은 당연히 슬프기 마련입니다.

작별 의식을 치르면서 안도감에 눈물이 나올 수도 있습니다. 이런 경우라면 상대의 사진을 바라보면서 슬픔이 가라앉고 당신이 인생의 새로운 장을 시작할 수 있을 때까지 매일 작별 인사를 하십시오. 상대방 사진을 볼 때 안도감에 눈물 흘리는 대신 긴장하거나 기분이 나쁘다면, 아마도 당신은 작별 인사를 할 준비가 되지 않았을 가능성이 높습니다. 결별 직후에 작별 의식을 치렀다면 몇 달이 흐른 뒤에 다시 시도해보면서 좀 더 쉬워졌는지 확인해 보십시오. 아니면 서로 만나지 말아야 한다는 결정을 다시 생각해볼 수도 있습니다.

---

* 이 문장은 도리스 엘리자베스 피셔가 2018년에 출간한 《사랑으로 엉킨 관계를 풀어라Unravel Entanglements with love》에서 영감을 받아 쓴 것이다.

1. 당신이 상대와 함께 보냈던 즐거운 시간을 떠올리며 감사할 만한
   점을 찾아서 아래에 적어봅니다.

_____

_____

_____

_____

_____

_____

_____

_____

_____

2. 상대에게 행운을 빌어주는 마음으로 애정을 담아 작별 편지를 써
봅니다.

14 그럼에도 불구하고 화해하고 용서하기

용서는 망각과는 다르며, 더 이상 화를 내지 않는 것과도 별개의 문제입니다. 용서는 상대가 당신에게 상처를 입히고 피해를 끼쳤음에도 불구하고 그 사람에게 무엇인가를 주는 것입니다.

여전히 상대에게 화가 나 있고, 상대가 당신에게 상처 입혔던 사건을 마치 어제 일처럼 기억하고 있더라도 당신이 마음만 먹는다면 용서할 수 있습니다. 앞으로 관계를 이어가지 않는다고 하더라도 화해를 청하는 몇 마디 말이 두 사람의 행복에 놀라운 기적을 선사하기도 합니다.

어떤 관계를 뒤로하고 앞으로 나아가고 싶더라도 화해와 용서는 중요합니다. 어떤 형태로든 화해와 용서가 이루어지지 않으면 설사 더 이상 연락을 하지 않는다고 해도 당신에게 두 사람의 관계로 인한 괴로움이 여전히 남아 있을 수 있습니다.

'그럼에도 불구하고'
용서한다는 것

+

'용서forgive'는 무언가를 '준다give'는 것이며, 여기에 '그럼에도 불구하고'를 덧붙일 수 있습니다. 예를 들어 당신이 상대로 인해 입은 상처들을 떠올릴 때마다 여전히 화가 난다고 하더라도, '그럼에도 불구하고' 용서는 할 수 있습니다. 용서한다고 해서 더이상 화가 나지 않는다는 뜻은 아닙니다. 우리는 분노를 비롯해 대부분의 감정을 스스로 통제하기 어렵습니다. 하지만 감정은 그 감정이 변해서 다른 감정이 되기 전까지 그대로 있습니다.

다음은 상대를 용서하고 관계를 이어나가겠다는 의지를 보여주는 메시지를 어떻게 전할 수 있는지 보여주는 예시입니다.

나는 아직도 네가 한 짓에 화가 나 있지만 우리 둘이 다시 만났으면 좋겠어. 나는 불필요하게 부정적인 생각을 하지 않으려고 노력할 거고, 지금 현재 내가 할 수 있는 한 되도록 긍정적인 시선으로 너와 우리가 함께했던 시간들을 보려고 노력할 거야.

나는 여전히 네가 한 행동이 이해되지는 않지만, 그동안 충분히 비난한 것 같아. 그래서 이제부터는 달리 새로운 사건이 일어나거나 다시 이야기할 필요가 있지 않은 한 더 이상 언급하지 않으려고 해.

제가 어렸을 때 저를 더 잘 돌봐주셨으면 좋았겠지만 이미 일어난 일은 돌이킬 수 없죠. 엄마는 최선을 다하셨을 거예요. 그래서 이제부터는 앞으로 나아가면서 서로의 인생에 즐거움을 가져다줄 수 있는 방법에 중점을 두려고 해요.

용서란 상대방이 한 잘못을 더 이상 질책하지 않고 새로운 가능성에 마음을 여는 것입니다. 당신이 아직 화가 풀리지는 않았더라도 다시 서로에게 다가서고 함께 지내기 시작하면, 두 사람 사이에 새로운 편안함이 싹터서 어느 순간에 다시 더욱 깊은 차원에서 대화를 나누고 서로를 만날 수 있습니다.

만약 다시 만나지 않기로 했다고 하더라도 용서나 화해 의사를 밝히는 것은 두 사람이 마음의 평화를 유지하는 데에 많은 도움이 됩니다. 이와 관련된 사례를 두 가지 소개합니다.

나는 우리 두 사람이 관계를 지속하는 건 더 이상 말이 안 된다고 생각해. 하지만 우리가 겪었던 위기가 궁극적으로는 내가 한 인간으로 성장하는 데 기여했다는 사실은 네가 알았으면 해. 우리가 겪었던 갈등 때문에 네가 아직도 괴로워하고 있지는 않길 바라. 우리 두 사람 모두에게 정말이지 힘들었던 상황이 있었고 우리 각자가 최선을 다했다고 생각해. 앞으로 네가 꼭 행복하길 기도할게. 안녕. ― 젠스로부터 넌 우리가 앞으로 연락을 끊어야 한다고 결정했지. 그 점은 무척 유감이고, 엄마가 없어야 네가 더 잘 살 수 있다는 말은 아직도 이해하기가 힘들구나. 하지만 네 일은 네가 제일 잘 알겠지. 네가 그 결정을 말한 이후로 엄마는 많이 생각했고, 더 신중해졌고 많은 걸 배웠어. 넌 언제나 단호했지. 엄마는 그 점을 높이 산단다. 힘든 결정을 과감하게 내리고 스스로를 먼저 생각하는 자식을 둬서 자랑스럽구나. 언젠가 너와 네 아이들이 엄마를 만나고 싶어 한다면 무척 기쁠 거야. 그렇지 않더라도 네가 잘 지냈으면 좋겠구나. 내 걱정은 하지 않아도 돼. 너랑 연락을 못 하게 되는 건 슬프지만 엄마는 친구들과 함께 즐거운 일을 하면서 잘 살 거야. 사랑한다.   — 엄마로부터

용서하는 조건으로
사과를 요구하지 마세요

+

만약 당신이 상대에게 용서를 구하고 싶은 쪽이라면 상대가 자신의 감정을 자유롭게 느끼도록 하는 것이 중요합니다. 즉 "넌 지금까지 화를 낼만큼 냈잖아"가 아니라 "넌 아마도 나에 대해 복잡 미묘한 감정을 느끼겠지. 내가 어떻게 하면 긍정적인 감정을 더 많이 느낄 수 있을까? 내 행동으로 네게 상처를 줘서 정말 미안해. 만회하기 위해 내가 할 수 있는 일이 있을까? 아니면 상

황이 더 나아지도록 우리 둘이 함께 할 수 있는 일이 있을까?"라
고 말해야 합니다.

어떤 경우에는 한 사람이 집요하게 사과를 받으려고 하는 바람
에 관계가 깨어지기도 합니다. 어떤 사람은 너무 나약해서 사과
를 잘 하지 못하기도 합니다. 스스로 죄책감이나 양심의 가책을
느껴도 이것을 밖으로 표현하지 못하고, 당사자에게 용서를 구
하거나 사과하는 것도 힘들어합니다. 이런 사람에게 계속 사과
를 끌어내려는 시도는 산에 가서 물고기를 잡겠다는 것이나 마
찬가지입니다. 한마디로 에너지 낭비라고 할 수 있습니다.

당신에게는 상대의 사과를 받는 일보다 새로운 관점이 필요할
지도 모릅니다. 당신 역시 다른 사람의 소중한 것을 망쳤던 기억
이 있을 것입니다. 그때 당신은 고의로 그렇게 하지는 않았을 것
입니다. 과거로부터 계속되어 온 어떤 감정의 문제로 인해 혹은
자신도 알 수 없는 상황에 떠밀려 그렇게 되었을 것입니다. 마찬
가지로 상대 역시 그러한 입장에 놓여 있었을지도 모른다는 점
을 상기해보는 것입니다. 그렇다면 당신은 그 사람에게 염려와
연민이라는 감정을 느끼게 될지도 모릅니다.

이런 경우 다음과 같은 말로 스스로를 설득할 수 있을 것입니다.

- 이 사람은 사과를 감당할 수 없어. 그녀는 정신적으로 유약한 사람
  이니 내가 너그럽게 대해야겠어.

- 상대가 어딘가 상처 입은 아이 같은 면이 있으니까 우리가 앞으로 나아갈 수 있도록 내가 사과하겠어.
- 나는 정신적으로 현명하고 건강하고 강한 사람이고 상대방은 그럴 여유가 없는 사람이니까 내가 양보해야겠어.

그러나 당신이 화해하고 싶은 사람이 심리적 폭력 혹은 물리적 폭력을 휘두르는 사람이라면 이러한 새로운 관점을 상기할 필요가 없습니다. 그런 경우라면 선을 긋고 모든 폭력을 막는 것이 더 중요합니다.

우리가 상대의 심리적 취약함이나 트라우마, 불행한 어린 시절과 같은 측면을 고려할 수 있다면, 갈등이 발생했을 때 상대의 감정을 좀 더 잘 수용하고 이해할 수 있을 것입니다. 더 나아가 이별할 때도 두 사람 모두에게 소중한 의미와 긍정적인 영향을 남길 수 있는 화해와 용서가 가능할 것입니다.

1. 상대를 용서할 준비가 됐는지 생각해봅니다. 그리고 상대에게 화해와 용서의 마음을 담은 편지를 아래에 써봅니다.

당신이 만나는 모든 사람에게
친절히 대하세요

      당신은 관계를 지키기 위한 노력을 해보기로 결정할 수도 있고, 관계를 끝내기로 결심할 수도 있습니다. 그들은 당신의 삶에서 어떤 식으로든 의미를 가졌던 사람들입니다. 따라서 당신이 맺고 있는 관계들에 관심을 기울이는 것은 매우 중요한 문제입니다. 멀어진 관계가 있다면 그 관계 안에서의 자신을 잘 살펴보고, 가능하다면 다시 관계를 꽃피우려는 노력을 해보기 바랍니다. 만일 그렇지 않다면 제대로 작별 인사를 하고 잘 정리해서 가슴속 적당한 공간에 묻어두면 됩니다. 관계를 다시 이어가든 중단하든, 멀어진 사이를 다시 돌아보고 정리하는 과정은 당신이 성장할 수 있는 좋은 기회이고 삶의 중요한 자양분이 될 수 있습니다.

      우리는 상대와 상대의 삶을 이해하기 위해 온갖 상상을 하며 애쓰지만, 사실 어느 누구도 다른 사람을 완전히 이해하는 것은 불가능합니다. 그래서 마지막으로 여러분에게 제가 좋아하는 다음 구절을 소개하고자 합니다.

> 당신이 만나는 모든 사람은 당신이 모르는 싸움을 하고 있다.
> 그러니 친절히 대하라, 언제나.
>
> — 존 왓슨 (John Watson, 목사)

당신이 관계를 새롭게 시작하려 하든, 경계를 그으려 하든, 관계를 끝내고 뒤로 하려 하든 상관없습니다. 어떤 말이든 '친절하게' 할 수 있습니다. 당신이 만나는 모든 사람에게 친절히 대하는 것, 그것을 기억해주면 좋겠습니다.

감사의 말

심리치료 석사이자 신학 석사이며, 베스트셀러 《솔직한 대화Honest Dialogue》
를 비롯해 여러 권의 책을 낸 저자이기도 한 벤트 포크는 내가 한 사람으로,
나아가 심리전문가로 성장하는 데 대단히 중요한 영향을 미쳤다.

심리학 석사이자 생애를 마칠 때까지 게슈탈트분석연구소 소장으로 일했
던 닐스 호프마이어는 오랫동안 내게 수많은 아이디어를 제공했다.

내 원고를 읽고 피드백을 해준 모든 이들에게도 감사 인사를 전한다. 특히
엘렌 보엘트, 마르기트 크리스티안센, 닐스 담, 크리스티네 그뢴트베드,
리네 크룸프 호르스테드, 아스게르 회위에르, 마르틴 하르스루프, 야네 키
프, 마르기트 퀸달, 티나 파울센, 키르스티네 샌드, 페테르 샌드, 크누드
에리크 안데르센을 언급하고 싶다. 이들 모두가 이 책에 발자취를 남겼다.

참고문헌

마셜 로젠버그, 가브리엘레 자일스 저, 강영옥 역, 《상처 주지 않는 대화》, 파우제, 2018

어빈 얄롬 저, 임경수 역, 《실존주의 심리치료》, 학지사, 2007

일자 샌드 저, 김유미 역, 《서툰 감정》, 다산북스, 2017

일자 샌드 저, 김유미 역, 《센서티브》, 다산북스, 2017

일자 샌드 저, 곽재은 역, 《컴 클로저》, 인플루엔셜, 2018

Bent Falk, *Honest Dialogue,* Jessica Kingsley Publishers, 2017

Davidsen-Nielsen, Nini Leick, *Healing Pain*, Routledge, 1991

Doris Elisabeth Fischer, *Unravel Entanglements with love*, Forlaget Familieopstiller, 2018

Ilse Sand, *On Being an Introvert or Highly Sensitive Person*, Jessica Kingsley Publishers, 2018

Ilse Sand, *Tools for Helpful Souls*, Jessica Kingsley Publishers, 2017

Martin Buber, *I and Thou*, Martino Publishing, 2010

옮긴이 | 이은경

연세대에서 영어영문학과 심리학을 전공하고, 현재는 바른번역 소속 번역가로 활동 중이다. 역서로
《진정한 나로 살아갈 용기》, 《기후변화의 심리학》, 《긍정의 재발견》, 《포텐셜》 등이 있다.

어쩌다 우리 사이가 이렇게 됐을까

힘든 관계와 작별하고 홀가분해지는 심리 수업

초판 1쇄 발행 2019년 9월 5일
초판 3쇄 발행 2019년 10월 7일

지은이 | 일자 샌드
옮긴이 | 이은경

발행인 | 문태진
본부장 | 서금선
책임편집 | 임지선   편집2팀 | 김예원 임지선 정다이
표지디자인 | 어나더페이퍼   본문디자인 | 윤지예   일러스트 | 강한

기획편집팀 | 김혜연 이정아 박은영 오민정 전은정   저작권팀 | 박지영
마케팅팀 | 양근모 이주형 정세림 정지연
경영지원팀 | 노강희 윤현성 이보람 유상희
강연팀 | 장진항 조은빛 강유정 신유리
오디오북 기획팀 | 이화진 이석원 이희산

펴낸곳 | ㈜인플루엔셜
출판신고 | 2012년 5월 18일 제300-2012-1043호
주소 | (06040) 서울특별시 강남구 도산대로 156 제이콘텐트리빌딩 7층
전화 | 02)720-1034(기획편집) 02)720-1024(마케팅) 02)720-1042(강연섭외)
팩스 | 02)720-1043 전자우편 books@influential.co.kr
홈페이지 | www.influential.co.kr

한국어판 출판권 ⓒ ㈜인플루엔셜, 2019
ISBN 979-11-89995-34-8 (03180)